谁谋杀了
变革先生

(新版)

WHO KILLED CHANGE?

[美] 肯·布兰佳 约翰·布里特
贾德·霍克斯特朗 帕特·茨格米 / 著

刘祥亚 / 译

重庆出版集团 重庆出版社

Who Killed Change?: Solving the Mystery of Leading People Through Change by Ken Blanchard, John Britt, Judd Hoekstra and Pat Zigarmi
Copyright © 2009 by Polvera Publishing and John Britt
Simplified Chinese Edition Copyright © 2010 Grand China Publishing House
Published by arrangement with William Morrow, an imprint of HarperCollins Publishers through Bardon-Chinese Media Agency.
All rights reserved.
No part of this book may be used or reproduced in any manner whatever without written permission except in the case of brief quotations embodied in critical articles or reviews.
版贸核渝字(2010)第 007 号

图书在版编目(CIP)数据

谁谋杀了变革先生：新版 /(美)布兰佳著；刘祥亚译. —— 重庆：重庆出版社，2013.12
ISBN 978-7-229-07256-8

Ⅰ.①谁… Ⅱ.①布… ②刘… Ⅲ.①企业改革-通俗读物 Ⅳ.①F271-49

中国版本图书馆 CIP 数据核字(2013)第 294312 号

谁谋杀了变革先生：新版
SHUI MOUSHA LE BIANGE XIANSHENG: XINBAN
　　　　肯·布兰佳
　　　　约翰·布里特
[美]贾德·霍克斯特朗　著
　　　　帕特·茨格米
　　　　刘祥亚　译

出版人：罗小卫
策　　划：中资海派·重庆出版集团科韵文化传播有限公司
执行策划：黄　河　桂　林
责任编辑：吴向阳　陈　婷
版式设计：洪　菲
封面制作：重庆出版集团艺术设计有限公司·黄杨

重庆出版集团
重庆出版社 出版

重庆长江二路 205 号　邮政编码：400016　http://www.cqph.com
重庆市圣立印刷有限公司印刷
重庆出版集团图书发行有限公司发行
E-MAIL:fxchu@cqph.com　邮购电话：023-68809452
全国新华书店经销

开本：890mm×1240mm　1/32　印张：5.75　字数：99 千
2013 年 12 月第 1 版　2013 年 12 月第 1 次印刷
定价：26.00 元

如有印装质量问题，请向本集团图书发行有限公司调换：023-68706683

本书中文简体字版通过 Grand China Publishing House（中资出版社）授权重庆出版社在中国大陆地区出版并独家发行。未经出版者书面许可，本书的任何部分不得以任何方式抄袭、节录或翻印。

版权所有　　侵权必究

谨以此书深情怀念
爱丽丝·布里特·考尔德维尔（1943— 2007）
杰拉德·A. 恩布里(1941— 2008)

致中国读者

My coauthors and I are honored to know that *Who Killed Change?* is being published in China. The fact is, no matter where you live in the world, change is occurring more rapidly than ever before. Every day, managers and leaders must cope with an onslaught of changes as they attempt to keep their organizations healthy and viable. Implementing or adapting to these changes is hard work.

Fortunately, leaders can help their people and organizations survive and even thrive in the midst of all this change. But first they have to understand the reasons why people and organizations fail to change. We hope this little murder mystery will help you see those pitfalls and at the same time learn how to make change succeed. We've included a section at the back of the book that gives you best practices and an action plan for implementing a successful change.

We all must learn to adapt and grow with change. We hope this book not only entertains you, but also inspires you and your team to make your organization—and the world—a better place.

Ken Blanchard
Co-author of *The One Minute Manager*

致中国读者

听说《谁谋杀了变革先生》即将在中国出版,约翰·布里特、贾德·霍克斯特朗、帕特·茨格米和我感到非常高兴。无论身在何处的人们都会发现,这个世界正以前所未有的速度发生着急剧的变化。每天,管理者和领导者都必须应付变革带来的冲击,他们努力地维持其组织的健康和生命力。而适应这些变革,则是艰苦的工作。

幸运的是,在变革之中,领导者可以帮助他们组织及其员工求得生存、谋得发展。但首先他们必须明白为何组织会变革失败。我们希望这个"变革先生"谋杀案能帮助你看到变革过程中存在的问题,同时为了让你掌握组织成功变革的方法,本书最后还附有详细的、可操作的变革指南。

我们都必须适应变革在变革中成长。我们希望这本书不仅让你获得阅读的乐趣,同时也能激发你和你的团队,让你的组织兴旺发达,让世界变得更美好。

肯·布兰佳
《一分钟经理人》合著者

51job 推荐

前程无忧 51job 首席执行官
甄荣辉

智者求变而治

我花了很短的时间读完这本书,读后我掩卷沉思,这是一本值得推荐的好书。

随着经济的日益发展,社会的变迁,中国企业广泛参与国际竞争,许多企业面临着竞争日趋激烈而复杂多变的市场环境。为了适应已发生巨变的内外部环境,保持和提升竞争能力,企业只有通过积极变革才能求生存,谋发展。

然而根据数据调查显示,50%～70%的企业变革最终都归于失败——有些甚至让企业元气大伤。因而,人们常常产生一种"变革是死,不变也是死"的恐惧。但是市场竞争的压力,技术更新的频繁和自身成长的需要,"变革可能失败,但不变肯定失败"。企业变革是一个复杂的系统工程,涉及的因素很多,其中任何一个因素都可能影响到变革的成败。因而,变革管理就显得尤为重要。令人欣喜的是,肯·布兰佳集团创始人、全球管理学大师肯·布兰佳先生带给我们的《谁谋杀了变革先生》,

为如何管理变革提供了绝好的答案。

　　变革成败对企业关系重大，同时任何变革必定具有一定的风险，因此变革必须在确实必要的情况下进行，绝不能凭一时的热情而盲目进行。人们在对企业实行调整中犯下的最大错误是：在公司各级管理人员和心目中还未形成高度紧迫感的时候，就大刀阔斧地实施改革举措。

　　变革计划还必须具有可行性。企业变革是在一定的内外环境下进行的，必须分析进行变革的内外环境条件是否具备。有很多变革计划实际上很不错，但是就企业目前的情况而言，不一定具有可行性，造成这种状况的原因很多，可能源于企业外部环境的制约，也可能源于企业自身资源或能力的不足。如果不注重计划的可行性，操之过急，在条件不成熟的时候就实施变革，极有可能适得其反。

　　无论是自上而下的变革，还是自下而上的变革，都必须在企业内部得到广泛的认同。如果得不到企业大多数员工的支持，变革不可能取得成功。要使变革得到广泛的认同，必须在变革实施之前进行有效的沟通。在就变革进行内部沟通时，不能仅仅局限于"推销变革计划"，还要就变革的目标、范围、方法等各方面的问题进行沟通，这样既有利于确保计划内容的科学性，也能够调动员工的广泛参与，而这本身就具有激励作用。

51job 推荐

变革不可避免会遇到阻力，这些阻力来源于企业本身和企业员工等。文化是企业成员共有的价值体系，它是企业成员行为的标准。变革实施过程中，可能遇到文化的强抵触力，重要的是进行有效的疏导，并利用变革的机会在企业中确立新型的文化。另一方面，企业员工出于担心失去既得利益或者不愿意打破原有习惯，从而拒绝变革。而企业内部不同利益集团对变革认识不统一，也极有可能阻碍变革的顺利进行。

在《谁谋杀了变革先生》这本书里，所有关乎变革成败的人物粉墨登场，如总是迟到的紧迫感先生欧内斯特、患有咽炎几乎无法说话的沟通女士克莱尔、对变革一无所知的计划先生佩里、患有近视的愿景女士维多利亚……这些令人啼笑皆非的人物让人在享受了阅读快感后，领悟到变革管理的真谛。

哪里有变革，哪里就有阻力。商鞅——古时的"变革先生"变法时，就有人以"智者不变法而治"进行批驳，其后商鞅更是被处以车裂极刑——这是"变革被谋杀"的一个典型例子。然而，历史证明，智者求变而治，变革是永恒的命题。作为企业变革管理的集大成者，肯·布兰佳先生将其思想精髓浓缩在《谁谋杀了变革先生》这本书里，以轻松有趣的笔法，剖析了"谋杀"企业变革的种种因素，故事中的每一条经验都与现实世界息息相关，发人深省。

企业推荐

变革的过程往往是多难而痛苦地，大多数变革以失败而告终，而那些不被认为阻碍变革的因素恰恰导致了变革的夭折。《谁谋杀了变革先生》用类似福尔摩斯侦探的手段和方法，找出了杀害变革的真正凶手。一本一小时可以看完的小说带给我的是长久的思考。

曹友盛
思科 CISCO 研发中心总监

《谁谋杀了变革先生》通过对一破案过程的描述，从一个新的视角，形象地展现了组织变革失败的多重原因。该书构思独特，深入浅出，在分析变革成功的要素中，有很深刻的洞见。

罗建华
Marvell 中国运营总监

变革创造活力，活力促进发展。有远见洞察未来，有魄力发起变革，有智慧管理变革，是成功领导者的基本素养。未来的世界，复兴的中国，需要更多卓有成效的变革型领导人。《谁谋杀了变革先生》这本著作，充满睿智和幽默，足以警醒追求卓越的领导者，有效规避变革之路的陷阱。

马志坚
上海德路科企业管理咨询有限公司总裁

企业推荐

对于管理者来说，管理"变幻多端"的东西一直较为敏感并具有挑战，变革管理这一分支纳入管理范畴，其魅力多在"变革"本身。管理大师冷静客观地给企业管理者讲了一个故事，其趣味性潜伏着变革的严肃性，其深度的思考蕴含着管理学科的博大精深。我推荐此书，也希望与你分享这充满变革管理"智慧点"的传奇故事。

刘 明
上海外联发商务咨询有限公司副总经理

作为JOHN P. KOTTER先生变革理论的忠实追随者和成功实践者，我深知推行变革的酸甜苦辣。作为生存下来的变革先生，我成功地推行了3家企业的变革。细读《谁谋杀了变革先生》这本书，变革过程中的故事又浮现在眼前。这是一本入门级的介绍变革过程和注意事项的好书，让读者在了解故事情节的同时体会到自己怎样可以在成功的变革过程作贡献。

叶云龙
瓦锡兰推进装置（无锡）有限公司董事长、总经理

专家推荐

《谁谋杀了变革先生》用极其独特的视角看待变革。当今世界最需要的，就是行之有效的变革。

——斯宾塞·约翰逊
《谁动了我的奶酪》和《峰与谷》作者

管理变革并不容易。它要求变革领导者有决心、有强大的领导力，以及克服各种阻力的意志力。它还需要变革领导者有幽默感，并能控制变革过程。《谁谋杀了变革先生》剖析了这些变革成功的关键点。

——贝斯·迈尔斯
哈佛大学公共领导力中心前执行董事
奥巴马竞选团队首席运营官

《谁谋杀了变革先生》是一则充满智慧和深刻洞见的侦探故事。你可以在时长2小时的航班上读完，但它带给你的启发却会永久长存。

——约翰·艾萨拉夫
《答案》作者
国际畅销书《秘密》特约专家

《谁谋杀了变革先生》是变革管理领域的一本经典之作。我很喜欢这本书，读了2遍之后我深深地体会到了它的价值，真不愧是一本必读经典。

保罗·C. 斯顿博
美国卡门伯兰大学商业科技学院院长

《谁谋杀了变革先生》是一本经典之作,与德鲁克的《组织的管理》、博西迪的《执行》,以及斯宾塞的《谁动了我的奶酪》并驾齐驱。和你的团队成员分享这本书吧,书中的内容将让大家受益匪浅。

——罗伯特·T.
兰顿·格里芬咨询公司董事长兼 CEO

读者推荐

一次有趣又有益的阅读体验

《谁谋杀了变革先生》用轻松活泼的寓言故事解答了长期以来一直困扰我的难题。变革是一个组织维系生命的动力,然而,组织变革过程中常常会遇到来自各个方面的阻力,也会出现时间规划不合理等问题。如果你苦于不知道变革到了哪一个阶段,每个阶段该做什么,想要知道如何执行变革并取得显著的成果,那么你可以在这本书找到答案。

Leadership Champion

解开变革失败的谜团

我在一家饭店吃午饭时翻开了《谁谋杀了变革先生》,很快被吸引了,直到读完全书我才离开饭店,这让我不得不给饭店服务员多付了不少小费。我真是太喜欢这本书了,这本书探讨了每一个计划发动变革的人都应该关注的问题。最令我惊喜的是,这本书不像其他书籍那样枯燥无味地讲理论、做案例分析,而是用一则寓言故事揭示严肃深刻的道理。因而阅读起来轻松迅速、充满趣味,同时让人读过后受益匪浅、印象深刻。我会反复地读这本书,还要向所有人推荐这本好书。

Hodinko's

一本必读的好书

　　这本书读起来轻松有趣，却又发人深省。它从多个角度探讨了组织变革过程中会发生的问题，对影响变革的所有因素逐一分析，用生动有趣的叙事方式提供了解决方法。在我们生活的当今时代，无论是个人、团队还是组织，都应该好好读一读这本书。

Carman Nemecek

变革是一个过程，而非结果

　　我每天都要处理组织变革的事务，《谁谋杀了变革先生》为如何掌控复杂的变革过程并取得成功提供了新的见解。无论你发动哪个层面的变革，你都可以借助这本书来获得成效。通过书中的内容，你能学会画组织结构图，并且让现实中的变革相关人对号入座，以便你迅速判断出你的变革项目的强弱点。每一个商界人士尤其是变革发起人都应该读一读这本书。

Robert H. Dean

如何顺利变革

　　我在图书馆同时看见两本探讨"变革"这一话题的书，最后选择了《谁谋杀了变革先生》。在这则小小的寓言故事里，贯

读者推荐

穿着严肃深刻的理念和行动指南,你可以在快速阅读这本书的同时学会如何从宏观上把握变革、管理变革。这起"变革先生"谋杀案里有13个嫌疑人,在每一章的结尾都会对案情进行分析总结,你可以从中学习如何变这些嫌疑人为变革所用。

Edward Mendlowitz

与所有人都相关的一本书

《谁谋杀了变革先生》一针见血地指出了妨碍组织变革的所有因素,每个读了这本书的人都会联系到现实变革过程中的真实情境。每个发动重大变革的组织都应该让他们的所有员工读这本书。

KKnJANett

谁谋杀了变革先生

我很喜欢肯·布兰佳这个精彩的侦探故事,故事以变革先生的命案为中心展开,揭露了13个犯罪嫌疑人造成变革先生死亡的真相。故事让人读来轻松愉快,在书的结尾还总结了变革成功的经验。我认为所有的组织都能以这本书为他们获得成功的指南。

Jan Holloway

目 录

致中国读者　4
51job推荐　6
企业推荐　9
专家推荐　11
读者推荐　13

第1章　**犯罪现场**　**19**
麦克纳利知道谁的嫌疑最大，之前他已经接触过很多类似案件，嫌疑人的情况基本上都一样。

第2章　**1号嫌疑人：文化女士**　**25**
只有当组织的行为跟组织的价值观保持一致时，我们的组织才会更有可能取得成功。

第3章　**2号嫌疑人：决心先生**　**33**
除非员工们非常清楚变革会给自己带来怎样的好处，否则他们是不会轻易接受变革的。
对于文化女士和决心先生的反思　38

第4章　**3号嫌疑人：变革发起人**　**41**
你的行动远比你的话语更有力。

第5章　**4号嫌疑人：变革领导团队先生**　**47**
如果领导团队希望变革顺利，他们首先必须让整个组织接受变革。

第6章　**5号嫌疑人：沟通女士**　**53**
那些真正能够成功推动变革的人往往都善于聆听。
对于变革发起人、变革领导团队先生和沟通女士的反思　57

目 录

第7章 6号嫌疑人：紧迫感先生 61

组织中经常会进行各种各样的变革，只有整个组织认识到变革的紧迫性，才更有可能成功。

第8章 7号嫌疑人：愿景女士 67

要想成功地发挥自己的作用，愿景女士必须让其他人昂首挺胸，展望未来，然后调整自己的工作，迈向他们所看到的未来。

对于紧迫感先生和愿景女士的反思 73

第9章 8号嫌疑人：计划先生 75

那些制订作战计划的人，很少亲自披挂上阵。

第10章 9号嫌疑人：预算女士 83

如果你的下属很清楚自己该做什么，你就应该学会授权让他去做。

第11章 麦克纳利的噩梦 89

尊重自己想要影响的每个人。

第12章 10号嫌疑人：培训先生 93

一支球队要想赢球，教练必须和所有球员齐心协力。

第13章 11号嫌疑人：激励女士 99

一旦激励系统跟绩效管理和企业文化不一致，整个组织很可能就会陷入一团混乱。

对于计划先生、预算女士、培训先生和激励女士的反思 106

目录

第14章　12号嫌疑人：绩效管理先生　109
　　人们想要变革，但他们却不愿意付出成本！

第15章　13号嫌疑人：责任先生　117
　　要是想把一件事情做好，你就必须亲自动手。

第16章　超级警察和利益相关人　125
　　那些受变革影响最深的员工才是最主要的利益相关人。

第17章　验尸报告：C-15毒药　131
　　C-15是一种神秘的毒药，被认为是导致变革死亡的主要原因。这里的C指的是变革，15指的是15种与之相关的死亡原因。

第18章　真相大白　135
　　很少有哪个组织会轻易地接受变革，但每个人都有责任使变革融入组织。

第19章　尾声：变革先生还活着！　145
　　麦克纳利不能让变革先生就这样死去。

组织成功变革指南　148
作者介绍　163
肯·布兰佳获得的荣誉　170
肯·布兰佳集团获得的荣誉　171
肯·布兰佳集团荣誉客户　173
肯·布兰佳集团服务介绍　175
肯·布兰佳集团的联系方式　178
情境领导® II模型　180
肯·布兰佳领导力系列课程　181

Scene of the Crime

第 1 章

犯罪现场

    McNally knew who the primary suspects were. He had done this many times before. The usual suspects were always the same.

    麦克纳利知道谁的嫌疑最大,之前他已经接触过很多类似案件,嫌疑人的情况基本上都一样。

一个电闪雷鸣的暴风雨之夜,探员迈克·麦克纳利(Mike McNally)驱车赶到 ACME 的前门。蓝色的警灯在黑色的车顶上不停地闪烁,跟远处的闪电相映,给人一种诡异的感觉。麦克纳利走下车子,拍了拍外套上的灰尘,用力吸了最后一口廉价雪茄。

这已经是这个月第 3 起凶杀案了,受害者的名字都一样——变革先生。事实上,调查变革先生的死因已经成了麦克纳利探员终生的事业。凭借多年的办案经验,他发现,变革先生的死亡通常都表现出一个比较明显的模式:刚开始时,变革先生进入各种组织,有的组织欢迎他;而有的组织则相反。表面上看,开始似乎一切都很顺利,变革先生很快融入组织,并逐渐得到大家的认可。可突然之间,在没有任何征兆的情况下,变革先生遭遇离奇死亡,而且身体上几乎找不到任何明显的伤痕。调查人员搜集不到任何有力证据,也从来没有找到真正的凶手。

这次麦克纳利决心一定要抓住凶手。他熄灭雪茄,从口袋里掏出笔记本,缓步走向门口。

会议室大门上挂着"请勿进入"的黄色警示带,麦克纳利

犯罪现场

钻过警示带，走进会议室。里面人声嘈杂，所有人都在忙碌着。一位摄影师正在从不同角度拍摄死者，人们三三两两地聚在一起，议论纷纷。在会议室的另一端，变革先生的尸体倒在会议桌上，右手边是一个打翻的杯子，杯子里的水流了出来，桌面还是湿的。

一位陌生男子走上前来，递给麦克纳利一张纸条，"法医让我把这个给你。"麦克纳利打开一看，上面写着：

◆ 很可能是凶杀。
◆ 很可能是中毒致死。
◆ 死亡时间很可能是上午7~9点。
◆ 验尸完毕之后才能提供更多信息。

麦克纳利让所有人离开会议室，关上大门，开始仔细研究犯罪现场。一个小时后，当麦克纳利打开门时，发现一位女士正在门外等着自己。

"我叫安娜（Anna），"她说道，"刚被任命为你的助理，我会随时听候你的差遣。"

麦克纳利知道谁的嫌疑最大，之前他已经接触过很多类似案件，嫌疑人的情况基本上都一样。他打开笔记，看了看上面早已列出的嫌疑人清单：

  1. **文化女士**（Culture）——决定着组织内部所有成员的价值观、信念和行为模式。

  2. **决心先生**（Commitment）——决定组织成员是否有足够的动力和自信来改变自己的行为，推动组织变革。

  3. **变革发起人**（Sponsorship）——他是一位权高位重的高层领导，能够调动必要的资源（时间、资金和人力等）发起、实施，并维持组织变革的整个过程；并最终成功实现组织变革。

  4. **变革领导团队先生**（Change Leadership Team）——组织变革的积极推动者，他们会保持一致的信念，积极解决变革过程中所产生的各种问题。

  5. **沟通女士**（Communication）——负责让变革的领导者和执行者保持有效对话。

  6. **紧迫感先生**（Urgency）——负责向整个组织说明发动变革的必要性，让成员对改变自己目前的工作方式形成紧迫感。

  7. **愿景女士**（Vision）——负责让组织成员清晰地看到变革完成之后充满吸引力的前景。

8. **计划先生**（Plan）——明确变革过程中需要采取的所有行动；为变革执行者制订出一份详细可行的实施方案，并明确和提供变革所需要的基本条件。

9. **预算女士**（Budget）——负责从财务角度分析变革所需要的资金，最优分配有限的资源，确保最大的投资回报率。

10. **培训先生**（Trainer）——负责提供必要的培训，确保组织成员掌握足够的技能来执行变革，取得预期的成功。

11. **激励女士**（Incentive）——负责表彰或奖励积极响应变革并且取得成果的成员，加强组织成员的积极性。

12. **绩效管理先生**（Performance Management）——负责设定具体的目标，保证整个组织能够得到预期结果；记录组织在实现变革目标过程中的进展情况；提供必要的反馈和培训；提供实际绩效和预期目标的书面分析报告。

13. **责任先生**（Accountability）——负责对变革执行者进行监督，确保他们的行为和取得的成果符合整个组织的变革目标，确保变革领导者们做到言行一致，当某些人的行动不符合组织变革目标时，及时指正。

麦克纳利把这张纸从笔记本上撕下来，交给安娜。"我想

尽快跟这些人进行面谈，"他说道，"每个人大概需要 30 ~ 45 分钟的时间。你能安排吗？"

"没问题。"安娜说道。

"还有，麻烦你帮我搞份组织架构图，这样我可以知道谁向谁汇报工作。"麦克纳利又补充了一句。

安娜似乎早就想到麦克纳利会要这个，她立刻递给麦克纳利一张组织架构图，然后转身离开。

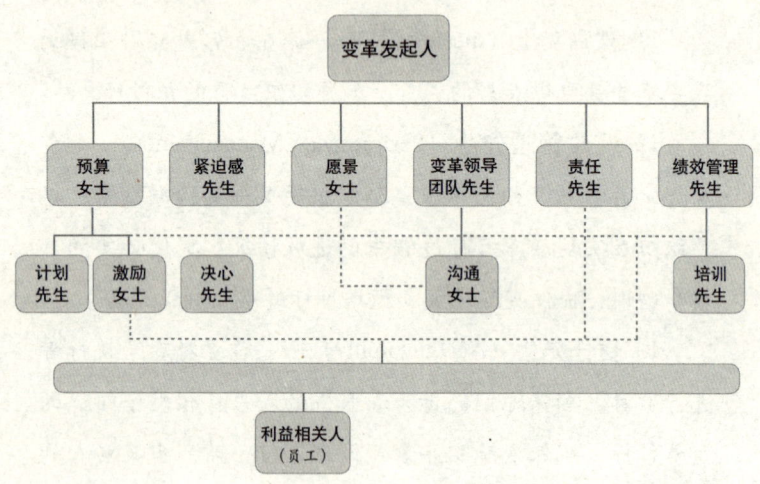

uspect 1 Culture　　　　　　　　第 2 章

1号嫌疑人
文化女士

If your actions are consistent with your values, you have a better chance of success.

只有当组织的行为跟组织的价值观保持一致时，我们的组织才会更有可能取得成功。

第二天早晨9点，麦克纳利探员在变革先生遇害的会议室阅读文件。当文化女士卡罗琳娜（Carolina Culture）走进会议室时，麦克纳利抬起头来。文化女士身材娇小，长相普通，既不吸引人也不会惹人反感。她五官平平，浑身上下没有任何有特色的地方。麦克纳利暗想，如果在大街上遇到这么一个人，他肯定不会留意到对方的。

"早上好，"麦克纳利努力掩饰自己的惊讶，问候对方，"今天过得好吗？"

"非常好，"文化女士回答道，"你呢？"她的声音平缓，语调很低。

"还好，不错。谢谢你能来。"说这话的时候，麦克纳利琢磨着："为什么要问她今天过得是否开心呢？我通常不会问这样的问题，我只会问跟案件有关的问题。"

她的声音把他拉回了现实。"你是要问我一些问题吗？"她说道。

"是的。你昨天早晨在哪儿？"他问道。

"在这儿。我大部分时间都在这儿。"

麦克纳利觉得对方只是在描述一个事实而已，不带任何感情色彩。"你去过其他部门吗？"他问道。

"哦，是的。我会到处走走。我几乎每天都会到各个部门转一下。"

"有人看到你昨天早晨在这儿吗？"

"这个我就不知道了，"文化女士回答道，"这儿的人真的很忙，而且说实话，我并不是什么大人物，所以我真的不能回答这个问题。你必须去问他们。"

麦克纳利发现自己接下来不知道该问什么了，于是只好说道："能描述一下你与变革先生的关系吗？"

文化女士毫不犹豫地回答道："一般吧。"

麦克纳利接着追问："能解释一下吗？"

"变革先生本来是很高调的，"她回答道，"但好几次他都在私底下征求我的意见。"

麦克纳利问道："征求你的意见？难道他需要你帮忙吗？"

"我想是的。不太好说。我不是一个喜欢微观管理的人。而且同一个问题他从来不会跟我讨论两遍，所以我想他能够解决自己面临的问题。"她说道。

"微观管理……你是说变革先生要向你汇报工作？"

"哦，不是。"文化女士说道。麦克纳利感觉这时对方脸上露出一丝微笑。"没人向我汇报工作。我在这儿的时间比你想

象的要长。我的工作就是定义这家公司成员的信念。你可以把我想象成一个指南针,我可以为你指明一个方向,但不能当一张地图,我没办法清楚地告诉你该怎么从 A 点走到 B 点。"

"那么上次变革先生跟你讨论了哪方面的问题呢?"麦克纳利问道。

"价值观(VALUES)!"文化女士大声地回答道,她的声音太大了,以至于麦克纳利不得不向后一仰,靠到了椅背上。文化女士继续保持高分贝,整个会议室都响起了回音。"变革先生想要运用我们的价值观来达到自己的目的。我曾经告诉他,**只有当组织的行为跟组织的价值观保持一致时,我们的组织才会更有可能取得成功。**"

"你说的 VALUES 是指什么?"麦克纳利声音柔和地问道,可能是潜意识里想降低对方的音量,但根本没用。文化女士继续慷慨陈词,声音反而更大了。麦克纳利感觉她事先好像已经排练过很多次了。

"**V 代表高效**(Very Efficient)。要想实现业务目标,我们的运作必须高效,同时必须用最适当的方式分配资源,控制成本。

"**A 代表以客户为中心**(A Customer Focus)。我们有很

Suspect 1

**1号嫌疑人
文化女士**

多客户,必须为每个客户提供最高水平的服务。

"L 代表团队高度协作 (Lots of Teamwork)。通过团队作业,我们可以完成更多工作。在 ACME,我们相信'团队的智慧一定胜过个人的智慧'。

"U 代表理解 (Understanding)。理解的核心在于倾听。面对某个情况或机遇时,每个人都会提出自己的观点。只有学会聆听和理解各种不同的观点,我们才能更好地作出决策。

"E 代表优秀 (Excellence)。产品就是我们的生命,任何不够优秀的产品都是不可接受的。"

文化女士在介绍 ACME 价值观时的表现跟她给麦克纳利的第一印象截然不同。但麦克纳利觉得大嗓门不一定表示有力量。他发现文化女士的言谈之中并没有太多激情,所以他相信这些价值观跟该组织实际经营状况之间一定是脱节的。

"你解释得非常清楚,"麦克纳利说道,"但我敢打赌,你所说的价值观跟组织的实际情况一定有差别。"

文化女士没作声。麦克纳利暗暗记下这一幕——他发现在双方交谈的整个过程中,卡罗琳娜都没有眨一下眼睛。

"我说得对吗?"麦克纳利礼貌地问道。

"当然……但我并不觉得你刚才提到的是一个问题,"她放低了声调,接着说,"正如我之前告诉你的,我的工作是为整个组织指明方向。我无法控制每个人和每个小团队实现这些价值观的方式。"

麦克纳利开始猜测文化女士与决心先生关系如何了。他知道,如果决心先生尽职尽责的话,就会在整个组织范围内进一步强调这些价值观念。这样的事情麦克纳利见多了,他非常清楚,一个人尊奉的价值观和他的真实行为总是有差距的。而且他开始感觉到,在 ACME,这个差距非常巨大。考虑到文化女士显然并不认为解决这一问题是她的责任,麦克纳利决定改变策略。

"你觉得是谁谋杀了变革先生呢?"他问道。

"不知道。"文化女士立刻回答道。

"可以肯定的是,"麦克纳利想要套出更多信息,"作为一名有影响力的老成员,你一定知道一两个非常不喜欢变革先生,甚至想要除掉他的人。"

"你过奖了,麦克纳利探员。是的,我的资格的确比较老,但是我每天都有很多工作要做。我也希望无论是以前,还是现在,自己都能对整个组织有一定的影响力。但我还是不能判断究竟是谁杀死了变革先生。"

1号嫌疑人 文化女士

麦克纳利身子向前倾倾，被文化女士甜美的声音迷住了。

双方沉默了很长一段时间。然后文化女士问道："还有什么问题吗？"

"没了，我想就这些了。如果还有问题要请教的话，我该去哪儿找你呢？"他问道。

"哦，我随叫随到。"她说道。

麦克纳利感觉自己又一次看到对方脸上露出一丝笑容。他低头看了看手中的笔记本，看看下一个谈话对象是谁。然后他抬起头来，开口说道："非常感谢你的……"

但此时文化女士已经离开了。他回头看了看，发现会议室的门已经被关上了，他甚至没有听到开门关门的声音。麦克纳利感觉有些尴尬，他拉开椅子，向会议桌下看了看。什么也没有。这可真是奇怪，他想，真是太奇怪了。

第 3 章 uspect 2 Commitment

2 号嫌疑人
决心先生

Employees don't buy in to a change until they understand how it might affect them.

除非员工们非常清楚变革会给自己带来怎样的好处，否则他们是不会轻易接受变革的。

第二个出现在会议室的是决心先生蔡斯（Chase Commitment）。蔡斯看起来非常诚恳，他一进门就冲麦克纳利探员微笑，跟他握手，然后坐了下来。

麦克纳利开口说道："很感谢你能来见我。你知道，我正在调查变革先生的死因。能先向我介绍一下你的情况吗？"

"没问题，"决心先生回答道，"跟这里的大多数人一样，我也是同时负责好几件事情。但在推行变革这件事情上，我最主要的任务就是让大家接受我们推出的变革计划。"然后他停住话茬，认真地看着麦克纳利。

"能告诉我你是如何配合整个组织的领导团队吗？我是说在变革这件事上。"

"当然可以，"决心先生满脸微笑地说道，"我不太清楚你已经跟哪些人谈过了，而且我也不想抢别人的风头。我可以告诉你，这些年我们发动了不少变革，我也从这些变革中学到了很多东西。其中让我受益最深的是，每次引入新的变革时，我都可以清楚地预测到大家会有哪些顾虑。如果我们不设法打消大家的这些顾虑，变革成功的概率就会大大降低。

"刚开始变革的时候，似乎每个人都想更深入地了解变革

2号嫌疑人 决心先生

背后的原因。我和紧迫感先生欧内斯特就会向他们解释。他们还有一些个人的顾虑,设想一下,管理层宣布变革之后,大家谁不会打自己的小算盘呢?不管管理层是否接受这个现实,事实都是如此:**除非员工们非常清楚变革会给自己带来怎样的好处,否则他们是不会轻易接受变革的。**麦克纳利探员,你现在明白了吧?只要能清楚地回答员工们担心的这些问题,我们就更容易得到大家的支持。当然,这也是我的任务。"

麦克纳利明显地感觉到了决心先生的热情。事实上,他的脑子里甚至浮现出了决心先生站在讲台上发表动员演讲,台下员工们带着一脸敬畏的表情聆听的画面。

决心先生继续说道:"我们必须为大家描绘一幅清晰的图景,让员工看到变革之后的组织将会是一个什么样子。所以我们需要愿景女士维多利亚的协助。而且我们还要请人参与变革决策,不是吗?这些要由变革发起人斯宾塞先生和派克斯先生来负责。"

"派克斯?"麦克纳利问道。

"你稍后肯定会见到他的,所有人都认识派克斯。不管怎么说,变革先生刚来到这儿时,所有的员工都会怀疑他是否能够成功。这需要计划先生佩里的参与,培训先生特里会对员工进行培训,激励女士伊莎贝拉负责激励员工。"

说到这里,决心先生站起身来,开始在房间里走动,只见他掌心向上,眼睛盯着天花板,像是在向一个更高的权威汇报工作。"最后,大家会担心是否每个人都能真正团结一致,携手共进。这时我们就需要绩效管理先生彼得和责任先生艾丹。"

麦克纳利不由得四处张望,看看有没有人进来。没有。

然后他看到决心先生低下头,放下双手,回到自己的椅子边,坐了下来。麦克纳利注意到这位嫌疑人浑身冒汗。他拿了一瓶水,放到决心先生面前。

"呵呵,刚才你讲话的样子像是个传教士,"麦克纳利说道,"虽然你很有热情,但我还是觉得,在关于变革这件事上,你同事想的可能和你并不完全一致。"

听到这句话,决心先生的表情十分复杂,麦克纳利看得出来,此时对方内心正在进行激烈的挣扎,他不知道自己究竟该向面前的这位探员透露多少信息。最后,决心先生说道:"是的,的确如此,我们是出了点问题。"

麦克纳利不说话,暗示决心先生继续说下去。

"你刚才提到'传教',这个说法真是有趣,"决心先生继续说道,"因为这个词几乎包含了我做这份工作的所有感受。我感觉自己就是在布道。'会众'就是团队的领导人和经理人们,他们每个星期天都要听我布道。他们一边听着,一边微笑

2号嫌疑人
决心先生

着点头，听完之后还会跟我握手，然后再离开。可在接下来的一个星期，从星期一到星期六，他们还是会按照自己原来的方式工作。他们很清楚，从理论角度来说，当人们参与变革决策过程，并且能影响最终决定时，往往会更容易接受变革。但我可以说，领导人和经理人们并不一定能够做到知行合一。而且他们会自欺欺人，认为员工根本一无所知。"

说到这里，决心先生似乎有些筋疲力尽了。麦克纳利有些不理解，因为他一直认为决心先生通常都是充满能量和热情的。"最后一个问题，"麦克纳利说道，"你觉得可能是谁杀死了变革先生呢？"

"我真的不知道，"决心先生诚恳地回答道，"变革先生做了很多努力，可似乎人们还是不接受他，这让我很难相信。"

然后他们再次握了握手，决心先生离开了会议室。

对于文化女士和决心先生的反思

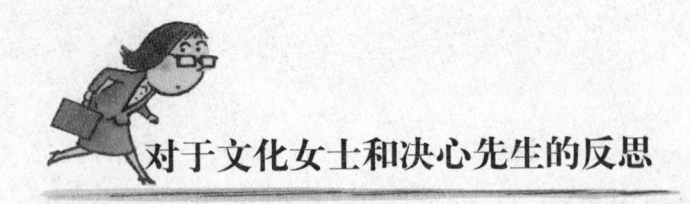

两轮谈话结束之后,麦克纳利站起身来,走出会议室,点了根雪茄,开始认真地思考刚才跟文化女士和决心先生之间的谈话。他随手在笔记本上记下了一些自己的总结。

文化女士

- 虽然文化女士对整个组织树立的价值观烂熟于心,但她似乎并不懂得整个组织真正的价值观——包括那些决定整个组织态度、信念和行为模式的所有要素。
- 组织成员的实际行动和组织所宣示的价值观之间出现脱节时,贴在墙上的那些标语就无法得到人们的尊重。员工们会怀疑,甚至会讽刺那些言行不一的领导人。
- 真正的组织文化和价值观总是会比纸面上的价值观更容易说服人。所以变革先生应该首先真正理解ACME的价值观,同时与之保持一致,而不是一味地征求文化女士的意见。

决心先生

- 决心先生知道，当人们能够影响某个决策过程时，他自己往往会更容易接受最终的决定。他还知道，如果在发动变革之前管理团队能够清楚了解并打消员工们心中的顾虑，员工们就会更容易接受和信任即将到来的变革。
- 虽然决心先生很有热情，但他并不能说服组织的领导层接受自己的观点。麦克纳利相信，那些无法参与决策过程的人会阻挠甚至谋杀变革。

文化女士和决心先生是凶手吗？就目前掌握的情况来看，麦克纳利并不能做出判断，此时他心中的疑问要远远多于答案。

- 变革先生真的能跟文化女士达成一致吗，或者他是在试图改变文化女士？
- 虽然减少决策参与人可以加快决策过程，但 ACME 的高层领导是否明白，由于没有参与到决策过程中，执行者们往往很难接受这些决定，也不能高效持续地执行这些变革决策。

uspect 3 Sponsorship　　第 4 章

3 号嫌疑人
变革发起人

Your actions are much more powerful than your words.
你的行动远比你的话语更有力。

变革发起人斯宾塞先生（Spence Sponsorship）简直就是男士时尚杂志的活广告。从锃亮的皮鞋到完美的发型——他没有忽略任何一个细节。麦克纳利不禁看了看自己：发皱的衬衫，松松垮垮的领带和脏兮兮的鞋子。他暗自告诫自己千万不要因为斯宾塞的形象就讨厌他。他例行公事地问道："你在组织中的主要任务是什么？"

"我的主要任务之一，"斯宾塞回答道，"就是支持变革先生在这里的工作，确保整个领导团队能够团结一致。我的意思是说，要想在 ACME 成功地发动一场大的变革，我们必须得有一个人——一个有影响力的人——来负责照料变革先生的一切。为了实现变革，我们对 ACME 的组织结构进行了调整，大多数部门都要向我汇报工作。当然，虽然我们也有很多主管和经理负责整个组织的日常运营，但所有人都尊重我的职权。比如说，只要我支持一个项目，大家就一定会推进这个项目——不管通过什么方式。"

麦克纳利发现，在斯宾塞短短的开场白里，他 5 句话中用到了 5 个"我"字。"那么你们去年发动了多少次变革呢？"麦克纳利问道。

3号嫌疑人
变革发起人

斯宾塞立刻回答道:"4次。"

麦克纳利丝毫不掩饰自己的讥讽之意,他问道:"除了靠声望和地位,作为变革发起人,你还做了哪些真正支持变革先生的事情呢?"

斯宾塞看起来有些迷惑不解:"我会安排会议,告诉大家我的期望。"

双方沉默了很长时间。最后麦克纳利问道:"还有什么别的吗?"

"确保各级主管和经理们能明确领会我的意思。"

"你了解变革先生吗?"

"哦,我们是很好的朋友,经常一起打高尔夫,有时还会一起打壁球。"

"你们在工作中的关系如何呢?"

"每次开会时,我都会安排变革先生坐在中心的位置。我清楚地告诉每一个人,我百分之百地支持变革先生。"

"然后你会让各级主管和经理执行变革先生发布的指令?"麦克纳利问道。

"嗯,是的。我付给他们薪水的一个重要原因就是要他们执行变革先生的命令。"

"我问你个问题,"麦克纳利说道,"你结婚了吗?"

"没有。"

"好吧，比如说你有个女朋友，有一天，你的女朋友告诉你她很爱你。可自从那天过后，除了在大厅里偶尔和你碰面之外，她甚至没有给你打过一个电话。你觉得你们之间的关系会有发展吗？"

"哦，应该不会。"

"你看到二者之间的联系了吗？"麦克纳利问道。

斯宾塞一脸迷惑，没有回答。

麦克纳利失去了耐心："你看，如果仅仅是开几次会，把变革先生安排在会议的中心位置，你根本不可能指望变革会取得成功！"

麦克纳利一边仔细斟酌自己的用语，一边站起身来，在房间里走动。"你高估自己话语的分量了。作为变革发起人，你不能只是简单地把变革先生介绍给大家就算了事。你必须采取切实的行动来支持他。**你的行动远比你的话语更有力。**你得在整个变革过程中跟变革先生齐心协力。同时还要让责任先生艾丹和激励女士伊莎贝拉参与变革。你要做到言行一致，以身作则。明白这个道理吗？"

麦克纳利看了看斯宾塞，他似乎正在全神贯注地欣赏玻璃窗上自己的样子。

3号嫌疑人
变革发起人

"你明白我说的意思吗？"麦克纳利提高了嗓门。

斯宾塞转过头来看着麦克纳利。

"以前我从来没想过这一点，没想到我还要做这么多事情来帮助变革先生取得成功，"他的声音里透露出一股真诚，"因为我想，以我在 ACME 的位置，只要让大家明白我的意思就足以让大家接受变革先生了。"

说到这里，斯宾塞先生的手机铃声突然响了。让麦克纳利哭笑不得的是，斯宾塞先生居然接通电话，离开了会议室。

麦克纳利叹了口气：看来这位嫌疑人的时间非常宝贵。麦克纳利也不知道什么时候能够再见到他。

uspect 4　Change Leadership Team　第5章

4号嫌疑人
变革领导团队先生

It takes a leadership team to carry change out into the organization if you expect change to be effective.

如果领导团队希望变革顺利，他们首先必须让整个组织接受变革。

麦克纳利掏出自己的小黑皮笔记本，看了看上面的名单。到目前为止，他已经跟文化女士卡罗琳娜，决心先生蔡斯和发起人斯宾塞进行了面谈。下一位是变革领导团队切斯特先生 (Chester of the Change Leadership Team)。

根据以往的经验，麦克纳利知道，变革领导团队往往会在变革过程中发挥着非常重要的作用。这个团队的成员都是那些对整个组织具有重大影响力的人，在组织中，通常他们都大权在握——其头衔或职位会让人们对他们刮目相看。当然，并不是所有的团队成员都是如此。一位明智的领导者会邀请组织各阶层的专业人士加入变革领导团队——这些人可能并没有耀眼的头衔，但他们往往在那些即将发生变革的领域有着很高的技术水平或专业知识。要想成功地发动一场变革，变革先生需要听到不同的声音。

当麦克纳利进入会议室时，他非常清楚地知道坐在自己对面的是谁——这个人就坐在变革先生遇害的位置上。切斯特是一个大块头，他有着比常人粗两倍的二头肌，肩膀跟脑袋紧紧地连接在一起，你几乎看不到他的脖子。

麦克纳利探员向他介绍了自己，切斯特先生说道："这里

4号嫌疑人
变革领导团队先生

大多数人都叫我派克斯。"他一边说着,一边紧了紧自己的胸肌,让衬衫显得更加紧绷。"如果愿意,你可以叫我派克斯。"

看到这一幕,麦克纳利想起自己去年年初就下决心要去健身房,看来真的要开始健身了。"好的,派克斯,你跟变革先生熟悉吗?"麦克纳利问道。

"可以说非常熟悉吧,"派克斯回答道,"变革先生到这里才五六个月左右,他需要在组织中树立自己的威望,他需要成为别人眼中的重要人士。而我的工作就是为变革先生捧场。"

"每天都要为他捧场的话,你不会厌倦吗?这个工作一定很让人厌烦。"麦克纳利说道。

"我想这只是某些人的看法。在我看来,这就像是一次健身锻炼罢了。看到我这些二头肌了吗?"派克斯一边说着,一边展示自己的肌肉,"变革先生的到来让我变得更强壮了。"

派克斯丝毫不掩饰自己的自信。

"嘿,我想拿瓶水,可以吗?"看到墙角有一个小冰箱,派克斯问道。

"当然可以,"麦克纳利回答道,"我们会把账单寄给预算部门。"说完两人不禁哈哈大笑。

当派克斯站起身来去拿水的时候,麦克纳利差点儿没从椅子上掉下来。如果只是从腰往上看的话,派克斯可以说是这世界上最顶级的健身员了,但腰部以下……让人禁不住联想到铅笔腿。麦克纳利的脑海里浮现出了一头公牛被4支铅笔支撑的样子。派克斯拿到水,回到自己的座位上。

随着对派克斯看法的改变,麦克纳利也改变了自己提问的角度:"这么说你的主要工作就是给变革先生捧场?"

"是的。"派克斯的声音里流露出一种自豪。

"是谁负责让他融入整个组织呢?"麦克纳利问道。

"我不太明白你的意思。"

"我的意思是,谁负责让整个组织接受变革先生?"

派克斯看起来还是一脸困惑,不知该如何回答。

根据经验,麦克纳利知道,如果领导团队希望变革顺利,他们首先必须让整个组织接受变革。他最近接触过一个组织,这个组织深知这点的重要性。在发动变革之前,他们抽调各个部门有成功变革经验的精英组建了一支领导团队。这些人有充足的时间来领导变革,具有良好的专业素养,沟通能力强,同时思维敏捷,能在各个环节上支持组织的变革计划。总而言之,他们有相当高超的本领来推动整个变革。

麦克纳利接着说道:"给变革先生捧场并不一定就能让组织成员接受他,你一定要让他跟会受到变革影响的人进行良好的互动。"

4号嫌疑人
变革领导团队先生

"你看，"派克斯满脸通红地说道，"自从变革先生到来之后，我的体重都增加了。"

"站在一个旁观者的角度来看，"麦克纳利说道，"我感觉你是在利用这次变革达到自己的目的——让自己变得更加强壮。但你似乎并没有认真考虑变革或整个组织真正需要什么。"

麦克纳利接着说道："可能这话说得有点重了，但很明显你是在努力让自己的上半身变得强壮。当然，我相信，从某种程度上来说，你的确会考虑变革和组织的未来。但我感觉，你并没有持之以恒地在 ACME 推进变革，在这个过程中你经常会停下来休息一下。"

派克斯不太情愿地承认道："你说得没错。我可能有些失去平衡了。可每次照镜子时，我都只能看到上半身。如果看不到自己的缺点，我就根本不会去想要解决它们。我不是一个喜欢把问题都推到别人身上的人，那并不是我的风格。但每次要进行变革的时候，发起人斯宾塞先生都会强调要组建一支团队，不知为什么，这个任务似乎总是会落到我的头上。"

这是麦克纳利探员预料之中的事情。

想到这里，麦克纳利不禁对派克斯表示同情："对于这位变革先生来说，一切都太晚了。他已经死了，一切都结束了。但未来还会有变革，你现在就可以想办法让你的下半身变得强

51

壮。你得让整个组织接受变革，而不只是简单地为他呐喊助威，然后就撒手不管。关键是要把握好平衡——除了最开始要做体能锻炼之外，在整个变革过程中，你都得对他有足够的支持。"

派克斯点了点头，说道："谢谢你。"然后他有些担心地问道："你是在怀疑我就是凶手吗？"

"调查结束之前，我不会做任何判断。"

"我可以走了吗？"派克斯问道。

"可以。你近期不会外出，对吧？"

"对，除了去健身房，"派克斯露出一丝淡淡的微笑，"我还有很多任务要做。"

uspect 5 Communication   第 6 章

5 号嫌疑人

沟通女士

The ones who excelled in promoting Change knew how to listen well too.

那些真正能够成功推动变革的人往往都善于聆听。

就在派克斯离开几分钟之后，沟通女士克莱尔（Clair Communication）轻轻地敲响了会议室的门，走了进来。麦克纳利起身说道："你好，我是探员麦克·麦克纳利，非常感谢你能抽出时间跟我面谈。"

沟通女士轻轻微笑了一下，礼貌性地点了点头。她留着一头齐肩的黑发，带着黑色边框眼镜。

双方落座之后，麦克纳利说道："我想你应该已经知道我为什么要跟你面谈了。"

沟通女士点了点头。

"能说一下你跟变革先生的工作关系吗？"麦克纳利问道。

沟通女士小声地回答："不好意思，我有喉炎。"

麦克纳利打断道："你是否需要推迟咱们的谈话呢？"

"不，不，"沟通女士小声说道，"我经常这样，习惯了。"

然后她接着说道："变革先生和我一起做过几个项目，他希望我能帮他邀请到那些需要参与这些项目的人。"

"你能帮到他吗？"麦克纳利问道。

沟通女士把手放在耳背后："对不起，能再说一遍吗？我助听器里的电池刚刚用完了,还没来得及更换。"

"你能帮到他吗?"麦克纳利提高了嗓门。

"哦,是的。我帮他写了一些备忘录,做了一些宣传资料。而且每次跟大家阐述计划时,他都会邀请我出席会议。"

听到这里,麦克纳利不由得心里一紧。

多年的经验告诉他,沟通女士通常要完成两项任务:一项是倾听,一项是讲述。但他知道,很多组织当中负责沟通的人都是只知道该如何讲述,不懂得该怎么倾听。他们非常善于讲述,而且只喜欢对自己所了解的变革知识夸夸其谈,但却很少去聆听别人的意见。**而那些真正能够成功推动变革的人往往都善于聆听。**

麦克纳利提高着嗓门转换话题:"你知道谁最希望看到变革先生离开这个组织吗?"

"我不能说。"沟通女士的声音几乎让人听不到。

"不能说,还是不愿意说?"麦克纳利问道。

沟通女士打开了自己的小笔记本,在上面写了几句话,然后把它推到麦克纳利面前。只见笔记本上写道:

"不能说。我的喉咙发不出声了,这种事情经常发生。对不起,我不知道有谁可能会杀死变革先生。"

麦克纳利也写了几句话,然后把笔记本还给了沟通女士:

"如果连话都不能说，你能告诉我你是如何工作的吗？"

沟通女士克莱尔抬头看了看麦克纳利，努力挤出了一个生硬的微笑，然后拿起笔，在上面写道："我有助手帮我。"

麦克纳利叹口气道："能介绍一下这个人吗？他的主要任务是什么？"

沟通女士写道："他名叫委员会（Committee）。每当我们遇到比较棘手的问题，或者我的喉炎发作时，委员会先生都会把一群人召集起来开会，他通常负责主持这些会议。"

"你觉得这样做有效吗？"麦克纳利怀疑地问道。

她写道："反正能够推动事情进展。"

麦克纳利一边控制着自己的怒火，一边做了个深呼吸，回应道："我问你开会是否有效，推动事情进展并不一定表示工作是有效的。"

麦克纳利见识过各种各样的委员会。大多数委员都会定期会面，却很少会制订出任何具体的计划，也很少会明确任何责任。每次会议都会制订一些方案，但很少有人负责跟进，也很少有人负责执行这些方案。

沟通女士盯着麦克纳利，一言不发，她甚至没有去拿钢笔。

麦克纳利说道："你可以走了。我们可能还要再面谈一下，我可能还会跟委员会先生谈一谈，近期请不要外出。"

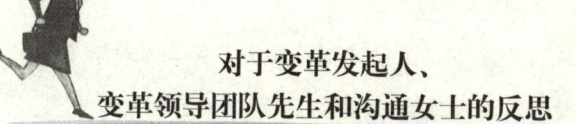

对于变革发起人、变革领导团队先生和沟通女士的反思

几次面谈之后,麦克纳利探员不由得有些迷惑了。他做了几十年探员,从来没见过如此失败的管理团队。

他的戒烟计划显然选错了时候。他走出会议室,点了一根雪茄,吸了几口,开始仔细思考从这几位嫌疑人身上了解到的情况。然后他掏出笔记本,在上面写下自己的心得,希望能够帮助后人避免再犯类似的错误。

变革发起人

虽然发起人说的都非常好听——而且他对自己也很自信,但他还是有很多失误。

- 他不能以身作则。很多要求别人做到的事情,他自己却做不到。他似乎并不知道"行动胜于言语"这个道理。
- 他没有跟激励女士一起去鼓励员工改变自己的行为。
- 他没能与责任先生一起让组织上下意识到这次变革的重要性。

◆ 他没接受决心先生的建议，没去了解员工对于变革的感受，没邀请更多的人参与到变革的决策过程中来。

◆ 他没能选择或建立一支优秀的领导团队，相反，他只是把这个任务交给了自己的下属。

麦克纳利探员仔细考虑了与发起人的谈话，发现他不断强调自己只需要成功地把变革先生介绍给整个组织就可以了。然而一旦发起人不去跟进，整个变革就会以失败告终。单单靠打高尔夫，并不能有效地帮助变革先生在 ACME 取得成功。

变革领导团队先生

麦克纳利还总结了自己对于派克斯的看法。

◆ 他没有邀请变革先生的支持者们加入管理团队，因而错失了推动变革的重要力量。

◆ 他跟决心先生一样——都把变革执行者们当成旁观者对待，而没有把他们当成积极的参与者。

◆ 跟发起人一样，派克斯也没能言行一致，这也为那些抵制变革的人提供了一个拒绝改变的借口。

沟通女士

沟通女士也有自己的失败之处。

◆ 她没有跟发起人和变革领导团队先生保持沟通。在变革这件事上,整个组织内部没有一个一致的声音,这也是很多人拒绝变革的一个重要原因。
◆ 她过于注重传达自己想要传达的信息,却没有考虑人们对于变革的疑虑。

想着想着,麦克纳利突然感觉有些想呕吐,于是赶紧熄灭了雪茄。到底是什么让他感到恶心?是太多的尼古丁,还是ACME管理团队的领导能力?可能二者都有吧。

第7章

6号嫌疑人
紧迫感先生

Changes had come and gone in these organizations, but the ones which were introduced with Urgency were more likely to be successful.

组织中经常会进行各种各样的变革，只有整个组织认识到变革的紧迫性，才更有可能成功。

与紧迫感先生欧内斯特（Ernest Urgency）的面谈时间定在下午 3 点。大约 3 点 15 分，他慢悠悠地来了，然后去拿咖啡，回来准备接受讯问时已经是下午 3 点 25 分。这可不是个好迹象，麦克纳利暗想。

"你知道为什么要请你来这儿吗？"麦克纳利盯着欧内斯特的眼睛问道。

"知道。变革先生昨天夜里在这间会议室遇害了。一般来说，只有管理层才有机会到办公楼的这个区域来，所以，我们自然而然就成了头号嫌疑人。"

欧内斯特不紧不慢地坐在了椅子上，开始了谈话。但突然他开始坐立不安起来，一边不停地看手表，一边望向大门。

"要赶飞机吗？"麦克纳利丝毫不掩饰自己话语里的讥讽之意。

"你看，"欧内斯特的脸慢慢变红了，"变革先生的遇害的确让人难过。但我手上还有许多事情，我必须去处理。我没有杀害变革先生。我几乎不认识他，为什么要杀他呢？坦白说，我认为这次谈话只是在浪费我的时间。"

"了解，"麦克纳利面无表情地说道，"开门见山吧，昨天

6号嫌疑人
紧迫感先生

上午6点~12点你在哪里?"

"可我想他应该是昨天夜里遇害的吧?"紧迫感先生问道。

"也行你的猜测是对的,不过你只要回答我的问题就行了。"麦克纳利说道。

"我要去看下工作记录。"紧迫感先生回答道。

"我在这儿等你。"麦克纳利一边说着,一边身子向后靠着椅背,把脚放到会议室的桌子上。

紧迫感先生离开之后,麦克纳利闭上了眼睛,开始回忆自己办过的其他案件。他心里很清楚,想要变革成功,领导们必须让变革先生和紧迫感先生同行,让经理们接受他们,然后向其他员工介绍他们。组织中经常会进行各种各样的变革,只有整个组织认识到变革的紧迫性,才更有可能成功。通常来说,紧迫感先生需要:

◆ 不断向大家反复说明变革是怎么回事,管理层希望通过变革完成什么任务。
◆ 通过分析有说服力的商业案例支持变革。
◆ 尽可能地向大家说明组织遇到了怎样的危机或机遇,急切需要变革。

听到紧迫感先生回来的声音,麦克纳利睁开眼,把架在桌上的双脚放下。"我7点40分到这里,"紧迫感先生一边说道,一边翻看手中的工作记录,"7点30分这里有个会议,我迟到了一会儿,接着是一整天的会议。"

"中间没有休息吗?"麦克纳利问道。

"哦,是的,有休息时间。真希望我那天中途没有休息……"他停顿下来,"喂,不是我干的!"他喊道。

"你怎么向ACME的经理们介绍变革的?"

"我想想。6个月前我们的竞争对手正在侵占我们的市场份额,大家说要开始变革。几次会议之后,我们作出决定要发动变革。我们设法让经理们看到了变革将会给ACME带来怎样的影响,然后,嗯,经理们开始传达我们的决定。"

"传达给谁?"麦克纳利问道。

"他们的下属。"紧迫感先生嘀咕道。

"你怎么知道员工们已经完全了解发动变革的原因?"

"哦,因为我多次看到经理们在午餐室里向员工们介绍变革先生。"紧迫感先生有些防备地回答道。

麦克纳利站起来,开始在屋里走动。"你看,我们都知道这是怎么回事。变革先生是一个新人,你不仅要把变革先生介绍给你的组织,而且要让大家接受他。你应该告诉大家为什么

6号嫌疑人
紧迫感先生

你的公司需要变革，要激励公司的经理和员工们意识到发动变革的紧迫性，进而接受变革，这是你的职责所在。可你的日程表上都是一些琐碎的会议，你工作时根本不分轻重缓急。虽说是一位紧迫感先生，可你甚至连按时参加会议都做不到。你简直让我恶心。你走吧！"

紧迫感先生一声不吭地站起身来，走向门口。就在他要关上门的时候，麦克纳利叫了一声："不许离开本市！"

Suspect 7 Vision 第8章

7号嫌疑人
愿景女士

For Vision to be successful, she must get others to look up and out, envision the future and then recalibrate their activities to draw them toward that future.

要想成功地发挥自己的作用，愿景女士必须让其他人昂首挺胸，展望未来，然后调整自己的工作，迈向他们所看到的未来。

麦克纳利接下来要会见的是管理团队的另一位成员——愿景女士维多利亚（Victoria Vision）。当愿景女士走进会议室的时候，麦克纳利简直有点哭笑不得，这位愿景女士居然戴着一副玫瑰色的眼镜。为什么不呢？麦克纳利暗想道，如果沟通女士可以有听力障碍，要带着助听器才能跟人沟通，愿景女士为什么不可能戴副玫瑰色的眼镜呢？

对于愿景女士在一个组织中的作用——尤其是在发动变革的时候，麦克纳利实在太清楚不过了。愿景女士在组织中扮演着独一无二的角色，她会从组织的日常运营中跳出来，她不会把自己的目光锁定在组织眼前的运营状况上，而是要看到组织在明天、下个月、下一年……会成为什么样子。当然，要做到这些还是相对简单的，难的是要让组织中的其他人尽可能多地看到她所看到的东西。

愿景女士在组织中扮演的角色、所处的位置让她可以忽略组织日常运营的细枝末节——麦克纳利知道，大多数组织成员都无缘享受这种奢侈。当大多数人都要埋首工作，关心当下的时候，愿景女士却可以昂首挺胸，展望未来。**要想成功地发挥自己的作用，愿景女士必须让其他人也对未来有所展望，然后**

调整自己的工作，迈向他们所看到的未来。每当组织要发动变革时，就更加需要愿景女士扮演好自己的这一角色。

麦克纳利暗想，我怀疑这位女士是否真能够让人看到她所看到的东西。从她戴的眼镜上看，显然她是一位过于乐观的人，可能根本不了解组织的真实情况。

愿景女士坐了下来，摘掉眼镜，开始煞有介事地掏出一块手帕擦拭镜片。在麦克纳利看来，此时的愿景女士显得很放松。

"我没做。"愿景女士平静地说道。

"没做什么？"麦克纳利说道。

"我没有谋杀变革先生。"

"你知道谁干的吗？"

"大家都在议论这件事，我有自己的怀疑对象，但那只是怀疑而已。我没有任何证据。"

"能告诉我你怀疑的是谁吗？"

愿景女士停顿了片刻，也不再擦镜片了。她看着麦克纳利的眼睛说道："好的，但你必须保守秘密，这件事只有我们2个人知道。我想凶手应该是某些员工。"

"某些员工？不止一个？"麦克纳利问道。

"也可能只有一个，但我想应该是一个小组。"

"一个小组？什么小组？"

愿景女士还没来得及回答，就听到有人在敲门。安娜走进来把2张菜单放到他们面前，说道："我知道二位还没有吃午饭。看看你们想吃什么吧，在上面画圈就可以了。过几分钟我会来拿菜单。"

麦克纳利和愿景女士拿起菜单，仔细看了起来。麦克纳利选好菜之后，抬头看了看，发现愿景女士把玫瑰色眼镜放到一边，戴上了一副镜片足有可乐瓶盖那么厚的眼镜。

麦克纳利越来越觉得这有些可笑了。

划完菜单之后，愿景女士把眼镜放回眼镜盒里，合上盖子，开始接着擦那副玫瑰色眼镜。

"刚才说到哪儿了？"愿景女士问道，"哦，对了，小组，我也不太肯定。但如果我是负责这件案子的探员，我可能会留意一下采购部。当然，千万别说是我告诉你的。"

麦克纳利探员接过话茬说道："那么如果你是负责调查此案的探员，碰巧又在调查采购部，你的第一个问题是什么？"

"嗯，首先，我会问他们几个看似无关紧要的问题，让他们慢慢习惯回答我的问题。然后我可能再问新的库存系统运行得怎样。"

"我想运行得可能不会太好。"

"你真是个聪明的探员。"愿景女士回答道。

"他们什么时候采用这套新系统的?"

"五六个月以前。"

"这需要让他们做出很大的改变吗?"

"哦,是的。要解决我们的库存问题简直要命,"这时愿景女士有点脸红了,"对不起!'要命'这个词可能不太恰当。"

"采购部的人跟变革先生很熟吗?"

"我想他们并不太熟悉对方。点头之交吧,我想,点头之交而已。"

"难道不应该由你来负责让大家清楚组织在变革之后会是什么样子吗?"

愿景女士一脸茫然地看着麦克纳利。

"我是说,你刚刚说过,这对采购部来说是一次非常大的变革。如果多年来他们一直按照老规矩作业,可突然之间,有人告诉他们,自己需要来个180度的大转弯,难道你不觉得他们应该很清楚为什么要有这些变化,而不仅仅是知道有变革这回事吗?"

"你是说这都是我的错?"愿景女士问道。

"你昨天上午在什么地方?"麦克纳利问道。

愿景女士看起来有些紧张了,又开始擦起了镜片,"早上7~8点我在参加董事会议,我们讨论了公司的战略计划草案。

开完会之后,我在办公室处理了一些文件,9点45分,我去做了一次眼部检查。"

可笑,可笑,真可笑啊!麦克纳利暗想道。

愿景女士接着说道:"你想想看,我根本没有杀人动机。我的大部分工作都是围绕3件事情:关注新的潮流和科技,了解新的想法和机遇,描绘鼓舞人心的未来图景。我需要变革,我怎么可能杀害他呢?"

"可能我刚才想错了,她手头应该有些线索。"麦克纳利暗自告诉自己。

"我并不是说你谋杀了变革,"麦克纳利一边说着,一边心想,但你并没有让他免遭遇害,"不过,我还是希望你近几天不要外出。"

这时又响起了敲门声,安娜走进来取菜单。愿景女士看起来脸色苍白,她站起身来,戴上眼镜,说道:"我不饿。"然后就转身离开了。

对于紧迫感先生和愿景女士的反思

在等待午餐的时候，麦克纳利开始思考愿景女士和紧迫感先生透露的信息。笔记本正面已经记满了，于是他把本子翻到背面，在上面记下自己的总结。

紧迫感先生

紧迫感先生很可能是最大嫌疑人。

- 虽然他也曾尝试让人们接受变革先生，但他从未向大家证明变革已经刻不容缓。
- 没有跟那些已经对现状不满的组织成员进行交流。
- 没有投入足够的时间与坚信变革可以提高公司业绩的人进行交流。
- 没有问大家为什么觉得公司需要变革。经验表明，当需要执行变革的人了解相关信息，并且感觉有人在乎自己的意见时，他们往往会更加支持变革。

愿景女士

很明显，愿景女士也可能是杀害变革的凶手。

- 她没有做任何准备工作。如果人们看不到眼前的情况有什么不对劲，就算是最激动人心的愿景都无法让他们打破惯性，无法让他们有动力去改变现状。
- 她没有重视决心先生的建议。高管们在度假胜地关门制订出来的愿景往往流于空洞，根本无法打动那些在一线奋战，但却对组织愿景毫无发言权的人。越能邀请大家参与到制订愿景的过程，他们就越愿意帮助整个组织创造未来。
- 她没有确保大家真心接受变革先生，没有为变革先生创造一个好的环境。大多数领导者在启动变革时都会流于表面，他们会宣告变革开始（"接下来我们要……"），确立一些模糊不清的期待（"我们会提高标准"），然后派人去参加培训，并在尚未取得成功的情况下欢庆胜利。他们没有为大家描述一副激动人心的变革成果图，没能让大家看到自己的个人处境在变革之后会发生怎样的变化。

Suspect 8 Plan　　第 9 章

8号嫌疑人
计划先生

Those who plan the battle rarely battle the plan.
那些制订作战计划的人，很少亲自披挂上阵。

计划先生佩里（Perry Plan）是麦克纳利的下一位谈话对象，让麦克纳利感到气愤的是，佩里跟紧迫感先生一样，也是姗姗来迟。计划先生打来电话，说自己正在从机场赶回来的路上，大概要晚到 10～15 分钟。

计划先生到达之后，麦克纳利惊讶地发现对方穿着一套皮夹克，袖子上有翅形徽章，拖着一个很重的黑色旅行包。

"你一定就是麦克纳利探员了，"计划先生一边微笑，一边伸出手来跟麦克纳利握手，"非常抱歉，我迟到了。天气真棒，我必须享受一下，我一大早就起飞了，天气太棒了，万里无云。我刚回来。"

握手之后，麦克纳利示意对方坐下。"谢谢你能抽时间跟我谈谈。你应该知道我为什么要找你。"

"是的，没错，我知道。太可怕了，变革先生死了，这真是场悲剧。"

"如果你不介意，我想先问问你在这里负责干什么？"

计划先生陷入了沉默，开始沉思起来。最后，麦克纳利清了清喉咙，把计划先生带回了现实。"啊，我是干什么的呢？我是干什么的呢？嗯，可以这么说，我在这里的主要工作是帮

8号嫌疑人
计划先生

助 ACME 为即将到来的变革做好准备。"

"是从战略上还是战术上？"麦克纳利问道。

"我不明白你的意思。"计划先生回答道。

麦克纳利略带讥讽地回答道："那么我想你应该清楚战略和战术之间的区别吧？"

"这个我当然知道。"计划先生有些防备地回答道。

"那么在为 ACME 的变革做准备时，你是从战略的层面考虑，还是从战术层面参与，还是二者兼而有之呢？"

"哦，我明白了。"计划先生回答道，此时笑容再次回到他的脸上。

"大部分时候都是从战略层面参与，"他停顿了一下，看起来好像在思考什么问题，"我想这也正是我喜欢开飞机的原因。宽阔的视野，你知道吗？那种感觉棒极了！"计划先生停顿了很长时间，然后又说道："这听起来可能有些疯狂，但我喜欢所有的变革，这对大脑细胞的确是一个挑战。"他用手指敲了敲脑袋，"我喜欢从理论上思考变革对公司会产生怎样的影响，以及它会给我们带来怎样的成果。这种感觉就像是驾驶一架高性能的飞机。太棒了！"

"但你显然不可能带着所有人一起飞。你不可能控制公司里发生的所有事情，肯定会有一个轻重缓急，是吗？"

"以前是，"计划先生回答道，"我本来有一个同事，但她生病了，要请假一段时间。她的名字叫优先（Prioritization）。她在交通控制塔里面工作，是一个非常遵守各种规章制度的人，我的理念跟她有些不一样。说实话，我很难拒绝别人。不管怎么说，为变革做个计划并不会花掉我很多时间，就算我们请来变革先生之后什么也没有做成，对我们也没有什么害处，对吧？"

麦克纳利没有回应。

这让计划先生有些尴尬，他接着说道："当然，我想这要取决于对什么人而言。另外，负责预算的贝利也会参与进来，她决定我们每次变革会涉及多少个项目。"

"关于你工作的战略层面，你已经谈了很多了。"麦克纳利说道，"但你至少也应该花一些时间和精力处理战术层面的事情吧。否则我觉得你可能根本没办法帮助你的组织启动变革。"

"那是基础设施先生（Infrastructure）的工作。"计划先生回答道。

"基础设施？"麦克纳利问道。

"是的，他负责战术层面，这跟我没什么关系。他主要负责业务流程，也会为了变革需要而开发一些工具来支持这些业务流程，我觉得是这样的。"

"你觉得？"麦克纳利语带嘲讽地问道。

"你看，"计划先生回答道，"你根本没必要生气。我只是告诉你一些我知道的信息，我在尽量配合地回答你的问题。基础设施先生艾拉跟绩效管理先生彼得和激励女士伊莎贝拉一起共事，他们负责保证我们的员工掌握足够的技术来配合变革的工作。但你必须明白，大部分时候我都在天上飞，负责更高层面的东西——就是你说的战略层面。愿景女士维多利亚和发起人斯宾塞先生偶尔会跟我一起在天上飞。但基础设施先生通常都是负责地面工作。所以坦白说，我并不太清楚他在做什么，这个问题你得问他。"

麦克纳利毫不掩饰自己的鄙夷，接着问道："你是否偶尔也会从云彩上面飘下来，规划一些实施变革的细节呢？"

计划先生深深地呼吸了一下，好像是在压抑自己的不耐烦："我再告诉你一遍，麦克纳利探员，我只能告诉你我知道的东西，我不可能同时出现在两个地方。除了基础设施先生，评估先生（Measurement）还会负责所有的细节，他必须跟绩效管理先生和变革先生一起设定我们的目标。理想状态下，评估先生会负责监测 ACME 是否达到了自己的预期目标。"

"我知道接下来你想问什么，"计划先生挥了一下手表示厌烦，"我从来没见过评估先生，你知道，我一直在忙着做各种计划。"

麦克纳利实在受够了这种"事不关己高高挂起"的态度,他说:"再问你一个问题,既然你这么喜欢开飞机,谁负责飞行中一切正常呢?"

"我,"计划先生似乎对这个问题感到很困惑,"我是飞行员啊!"

计划先生歪着脑袋,他不知道麦克纳利葫芦里究竟卖的什么药。

"我不像你一样经常在天上飞,"麦克纳利接着说道,"但据我所知,要想保证飞行一切顺利,你需要制订一份飞行计划。你要知道飞行的时间、地点、方式、速度,等等,是吧?"

计划先生刚想要插话,就被麦克纳利举手制止了。

"而且由于机场一定不止一架飞机在等待着陆或起飞,你需要空中交通控制,"麦克纳利问道,"如果有太多飞机同时起飞、降落、出现在跑道上的话,那将是一件非常危险的事情。对吧?而且一位优秀的飞行员难道不应该了解自己的团队——地勤人员、机械工程师,以及所有在你飞行之前负责对飞机进行检查的人吗?"

沉默了半响之后,计划先生似乎意识到麦克纳利在等着自己回答他的最后一个问题。"哦,是的。"他的声音轻得几乎让人听不见。

麦克纳利把身子向前倾，冷冷地说道："'开飞机'跟你在这家组织所做的工作一样。作为负责制订计划的人，你就好比是负责这次变革的飞行员。也许你从来没有接触过真正的馊主意，但你很可能把整个组织带向我所说的'1 000个计划所导致的死亡'。你必须把优先女士请回来，为变革做好管理规划。你的团队和预算先生要制订适度的变革计划，你还必须学会控制整个过程。基础设施先生、评估先生、优先女士必须在变革启动之前各就各位。还有你，计划先生，作为负责这次行动的飞行员，你必须对这次变革的结果负全部责任。虽然你相信你的队员会出色地完成自己的工作，但你必须请责任先生跟你一起同行。你认识责任先生艾丹吗？"

"我听说过这个人，但从来没见过他。"计划先生轻声说道。

"毫不奇怪，"麦克纳利回答道，"我想昨天变革先生遇害的时候你应该还在云上飞着吧？"

"是的。"

"哦，调查结束之后，我想你不得不一直留在地面了。"麦克纳利站起身来，直盯着计划先生："你可以走了。"

回到自己的办公室之后，计划先生脱掉皮夹克，用力摔到椅子上。然后他一屁股坐到椅子上，盯着面前的一张白纸。

他有好几次都提起笔来，但就是没写一个字。麦克纳利探员以为自己是谁啊，居然敢这样跟我讲话？他真的以为我不关心变革是否会成功吗？我当然关心。他的注意力又转回到那张白纸上。他决定要更加关注战术层面，制订一份详细的变革执行计划，但他还是没有动笔。该找谁来帮忙呢？他暗想道。

计划先生从来没想过跟 ACME 的员工们进行交流——这些人恰恰是受变革影响最大的人——请他们帮助公司落实变革。显然，他对如何领导变革一无所知——**那些制订作战计划的人，很少亲自披挂上阵。**

uspect 9 Budget 第 **10** 章

9 号嫌疑人
预算女士

When you hire someone who knows what he's doing it's better to just stay out of his way.

如果你的下属很清楚自己该做什么，你就应该学会授权让他去做。

接下来，麦克纳利要见的是预算先生贝利（Bailey Budget）。他原本以为贝利应该是一个矮胖短粗，一脸苦相的秃顶男人，可他实在是大错特错。当贝利女士走进房间时，麦克纳利还以为对方走错了房间，直到对方一脸微笑地进行自我介绍。

"我是贝利，你一定是麦克纳利探员了，很高兴见到你。"

麦克纳利站起身来，跟她握了握手。"很高兴见到你。"他一边说着，一边怀疑自己是不是已经脸红了。

"可怕，实在是太可怕了，"她边说边坐了下来，"变革先生对我们组织来说实在太宝贵了。"

"你了解变革先生吗？"麦克纳利开始把话题转移到了眼前的案子上。

"一个人真的可以深入了解另外一个人吗？"她问道，身体向后靠到椅子上，眼睛望着天花板。

"你是向发起人斯宾塞先生汇报工作的，是吧？"

"是的，没错，"她心不在焉地说道，"如果你想要知道谁向谁汇报工作，我可以给你张组织结构表。但你我都很清楚，如果你的下属很清楚自己该做什么，你就应该学会授权。斯宾塞先生就是这样对我的。"

"你跟变革先生在工作中关系如何?"麦克纳利问道。

"跟我和其他人的关系一样,"预算女士盯着麦克纳利,不动声色地说道,"我负责把握 ACME 的整个财务状况,我的责任很重。他们请我来就是为了确保投资人能够得到回报,我必须在成本和收入之间把握好平衡。组织成员递交资金申请时,我会对照已经确立的标准进行审核,对变革先生也是如此。"

"也就是说,你是在做零基预算(zero-based budgeting,指在编制成本费用预算时,将所有的预算支出均以零为出发点,一切从实际需要与可能出发,逐项审议预算期内各项费用的内容及开支标准是否合理,在综合平衡的基础上编制费用预算的一种方法。——译者注)了?"麦克纳利随口问道。

"麦克纳利探员,"说这话的时候,她脸上带着讥讽的微笑,"你也在学会计课程吗?没错,我们用的是零基预算。你看,我们的大多数经理在各自的领域里都表现不错。我是说,他们能很好地应付自己部门中的人事问题、日程安排,和工作中的技术细节,但他们看不到全局。他们只会考虑本部门的需要,他们没有能力去判断整个组织的优先顺序。"

麦克纳利开始有些不太喜欢这位女士了,他丝毫不掩饰自己的鄙夷之意:"那么你是干什么的呢?确定整个组织的优先顺序？"

她随口回答道："是的，这是我的责任。"

麦克纳利反驳道："真的是他们的能力有问题吗？还是你根本不信任他们的能力，或者你没有对 ACME 的经理们做过相关培训，没有告诉他们该怎么把握组织的投入和产出？"

"探员，"预算女士的口气听起来就像是在对一个小孩子讲话，"你真是太幼稚了，不是吗？我相信这些经理们自然会做他们该做的事情。但是，难道你真的以为他们会像我那样对我们这个组织尽心尽责吗？"

麦克纳利把话题重新转回眼前的案子上："我看过变革先生在过去 3 个月里递交的各种采购申请，几乎全部被你否决了。"他顿了顿，以为预算女士会说些什么，可对方根本没有任何反应。

"变革先生很清楚组织的财务规定，他列出了所有数额比较大的采购申请。我看过他的笔记，他也计算过每笔采购的投资回报情况。你能告诉我你为什么一个都没批准吗？"

"当然可以。"预算女士加重了语气。

"洗耳恭听。"麦克纳利回答道。

此时的贝利第一次改变了语气，听起来似乎不那么排斥麦克纳利了，"你似乎并不太清楚我是如何帮助这家组织的，对吧？我的主要任务之一就是防止在变革项目上——比如说像刚刚失败的这个——投入太多资金。"

麦克纳利几乎忍不住要当场以杀人凶犯的罪名逮捕预算女士，并且告诉她，她有权保持沉默，但他忍住了。"继续说。"他第一次想要听预算女士多说几句了。

她接着说道："我坚信，我们在一次变革中投入的资金应该跟发起人、愿景女士、紧迫感先生、领导团队先生派克斯、计划先生、决心先生、文化女士和责任先生投入的精力成正比。如果这些人都觉得没有必要去帮助变革，我就更没有必要投入资金支持一次注定要失败的变革了。"

麦克纳利不想承认这一点，但他觉得预算女士的话的确言之有理。这时他觉得自己也没有什么问题要问了。

预算女士拿起放在旁边椅子上的包，掏出自己的化妆盒，重新涂了涂口红。涂完之后，把化妆盒放回包里，站起身来。她直视着麦克纳利，礼貌地说道："麦克纳利探员，很高兴见到你。案子完结之后，给我来个电话吧。"

然后她头也不回地走了出去。

Vision of Death

第 II 章

麦克纳利的噩梦

Respect for the people you are trying to influence.
尊重自己想要影响的每个人。

当天早些时候，麦克纳利探员就在 ACME 附近预定了一家便宜的酒店。在一家餐馆买了一份外卖之后，他回到自己的房间。房间很干净，基础设施一应俱全，有床、电视、办公桌，还有卫生间。他打开三明治和烤薯条，把它们放在桌上，打开电视，开始不停地换台。跟平时一样，没有什么有趣的节目。他决定一边吃饭，一边看看变革先生的文件。突然，他发现变革先生手写的一张便条：

> 我必须设法弄清 ACME 所有员工的技能和想法，这样他们才会看到我的价值，而不是视我为一个捣乱分子。

麦克纳利撕下这张纸，他意识到变革先生有一种常人很少具备的天赋：**尊重自己想要影响的每个人。**

来到会议室之后，麦克纳利坐在变革先生去世时所坐的那张椅子上。他一边等待今天上午的第一位谈话对象，一边翻看笔记本。

突然他闻到了一种奇怪的味道，这种味道让他感觉呼吸困难，甚至心跳都在加速。他赶紧跑到门口，门被锁上了，他用力敲门，大声尖叫。

这儿只有我一个人，他想道。他的眼睛开始发热，感觉脑袋发轻。

再次恢复意识的时候，麦克纳利发现自己躺在地上。他大呼了一口气，感觉自己一会儿有意识，一会儿无意识。睁开眼睛，他看到周围是各种各样的面孔。他看到了文化女士、决心先生、发起人、领导团队先生、沟通女士、紧迫感先生、愿景女士、计划先生、预算女士，还有一个陌生人，围成一圈，直直地盯着自己看。医生挤了进来，单膝跪地，把两根手指放到麦克纳利脖子上。几秒钟之后，医生皱起眉头，摇了摇头："太晚了，他已经死了。"

麦克纳利想要说话，他想要告诉大家："没有，你们错了——我还活着！"但他一句话也说不出来。他用尽浑身力气，想要大声呼喊。

麦克纳利猛地坐了起来，被自己的叫喊声惊醒了。他大口地喘气，就像是刚刚跑完了百米赛跑，床单都被汗水浸湿了。最后他终于意识到自己身在何处——刚才只是一个梦。他擦掉脑门上的汗，呼吸开始放缓。时钟指向早晨 5 点 17 分。

他站起身来，点燃一根雪茄，坐在床边抽了起来。他心想，难道变革先生死去的时候也是这种感觉吗？他坐在那里，呆呆地盯着地板。最后他熄灭雪茄，准备去冲个凉——还有很多工作要做。

uspect 10 Trainer

第12章

10号嫌疑人
培训先生

The only way the team wins is when you and everyone are on the same page.
一支球队要想赢球，教练必须和所有球员齐心协力。

当培训先生特里（Terry Trainer）走进会议室时，麦克纳利探员不禁大吃一惊。特里先生的衬衣皱皱巴巴，污渍斑斑。他反戴着一顶垒球帽，胡子好几天没刮了，嘴里还在用力嚼着口香糖。这时探员只能用一个词来形容特里：邋遢。

培训先生坐了下来，看着麦克纳利，不假思索地问道："发生什么事了？"

麦克纳利直起身来，似乎想要让面前这个衣冠不整的家伙见识见识自己的专业精神。"你是这里的培训先生吧？"麦克纳利开口问道。

"是的，正是我。"培训先生回答道。他毫无生气地在空中挥了挥拳头，"前进！ACME！"

"那么你跟变革先生的关系如何？"麦克纳利问道。

"他是个在前线工作的家伙，"培训先生说着，把两只脚都架到桌子上，"我想他是个很不错的家伙，只是不太清楚我们的游戏规则。"

"游戏？"麦克纳利进一步问道。

"你知道——游戏。"

麦克纳利盯着对方，一言不发。

10号嫌疑人
培训先生

"对不起,"培训先生接着说道,"我想你可能没玩过这种游戏,"他不停地嚼口香糖的样子简直让麦克纳利发疯,"我们的游戏是这样的:发起人斯宾塞和愿景女士维多利亚——这些家伙都在前线工作——带来了一位新的变革先生,见了这位变革先生之后,我会想他想要在哪个场地上玩,然后我会负责组织团队,训练他们为游戏做好准备。"

"那好,我们把话题范围缩小一些。你在 ACME 最重要的任务是什么?"

"培训。"培训先生回答道——仍是一副毫无表情的样子。

"能说得详细一些吗?"

"我们确保团队成员拥有必要的技能和足够的决心来实现变革。"

"我们?"麦克纳利追问道。

"激励女士伊莎贝拉会参加很多次训练,但她更像是一位并不清楚游戏规则的拉拉队队长。"培训先生回答道。

"你们是怎么训练的?"麦克纳利问道,"多久训练一次?每次多长时间?"

"看情况,"培训先生避实就虚地回答道,"有时候只训练一次。我们有很多很有天分的队员,但很多人在变革期间必须接受新的任务。在开始新任务之前,他们需要先练习一下。变革先生总是希望我能带领大家多训练一段时间，我也会尽力教会队员们掌握必需的新技能。可不幸的是，预算女士贝利并没有我这么大的决心。她也是在前线工作，他们之间会进行各种交流。有人说要加强训练，另一位则会说缩减成本。但我知道什么呢？我只是负责培训而已。"

"变革先生遇害的时候，你在哪儿？"麦克纳利问道。

"在我的办公室看体育节目。"培训先生丝毫不觉得尴尬地回答道。

麦克纳利问道："你考虑过自己去接受一些培训吗？"

"我不太确定是否能有这样的机会。"培训先生回答道。

"在我看来，**一支球队要想赢球，教练必须和所有球员齐心协力**。很显然，你并没有做到这一点。如果你和发起人斯宾塞先生一起合作，弄清楚球员们需要哪些新技能，具备什么样的决心才能真正实现变革，情况会怎样？如果你和发起人一起，制订一份让预算女士贝利无法否决的预算方案，情况又会怎样？一位好的培训师或许能帮助你掌握必要的技能，让你可以更好地跟发起人和预算女士通力合作。"

"培训师真的能帮我做到这一点吗？"他问道。

麦克纳利探员简直哭笑不得："是的，事实上，一位优秀的培训师可以帮助所有人，包括文化女士、决心先生、发起人斯宾塞先生、领导团队先生、沟通女士、紧迫感先生、愿景女士、计划先生，还有预算女士——更好地走到一起，组成一支更加高效的团队。"

麦克纳利让培训先生自己想想有没有这种可能。

Suspect 11 Incentive 第13章

11号嫌疑人
激励女士

When incentive got out of alignment with performance management and culture, the stage is set for the perfect organizational storm.

一旦激励系统跟绩效管理和企业文化不一致,整个组织很可能就会陷入一团混乱。

麦克纳利探员看了看手表，还有几分钟激励女士伊莎贝拉（Isabella Incentive）才到来，于是他决定先到外面抽根烟。雨已经停了，但外面还是很冷，天也灰蒙蒙的。他扣上外套，点燃一根雪茄，用力抽了一口，开始陷入沉思。

麦克纳利知道，如果没有激励女士的支持，变革先生在组织中的存活率就会大大降低。他同时也意识到，很多人一想到激励，首先就会想到钱。没错，激励女士有时的确会用金钱作为一种使大家接受变革的工具。但经验告诉麦克纳利，有很多方式可以使人们接受变革，金钱不一定总是最有效的方式。

激励女士是受到组织中大多数人欢迎的角色，至少一开始是这样的。麦克纳利还记得他曾经有好几次把激励女士列为谋杀变革先生的头号嫌疑人，尤其是当激励女士奖励那些既不符合企业文化也不符合绩效目标的行为时。**一旦激励系统跟绩效管理和企业文化不一致，整个组织很可能就会陷入一团混乱。**

麦克纳利听到有人叫自己的名字，转身发现安娜正在站在门口。

"你的客人来了。"她说道。

他吸了最后一口雪茄，向会议室走去。

11号嫌疑人
激励女士

麦克纳利把外套搭在胳膊上，走进会议室。面前站着一位很有吸引力的女士，她微笑着跟麦克纳利打招呼："你好！"

"下午好，"麦克纳利回答道，"你应该知道我想问你一些有关变革先生的事情吧？"

她的微笑开始消退，眼睛里泛出泪水。他找到一盒纸巾，把盒子递给这位女士，轻声问道："你们俩关系很好吗？"

激励女士擦了擦眼睛，擤了擤鼻子。她努力挤出微笑，说道："是的，我们很熟。"

过了一会儿，麦克纳利正要问下一个问题，激励女士开始主动说道："我把他当成好朋友。自从他来到这里之后，我们几乎每个星期都在一起工作。"

"做什么工作？"

"哦，"激励女士回答道，"变革先生做了2个很棒的计划。千万别让我说得再详细一些，其实我也不太明白他这些想法背后的细节，但显然变革先生很清楚。他做了很有说服力的企划案，结果2个计划都得到了管理团队的支持。"

"紧迫感先生帮他开展这2个计划了吗？"麦克纳利问道。

"我好像不记得紧迫感先生有参与过这2个计划。计划刚得到批准，变革先生就来到我的办公室，希望能得到我的帮助。他的第一项计划是到某一个部门观察一段时间，我想他应该非常清楚这个部门的管理风格——那是一种被他称为'追随式'的管理风格。变革先生告诉我,如果不能深入了解那些将要接受变革的人在想什么,我们的变革就很难取得成功。在那之前,我从来没有听说过什么'追随式'管理风格。"说到这里,激励女士拿出一张纸巾擦了擦又要变湿的眼睛。

她接着说道:"所以他希望我能帮他——帮他想办法激励大家接受变革。你知道,我在这家公司的工作就是强化那些有利于变革的行为。"

"你帮他了吗?"麦克纳利问道。

"是的。你知道,这个问题很难回答,因为毕竟他已经死了,我很难判断自己究竟是否帮到了他。但某种程度上来说,我可以肯定我的确帮助过大家更好地接受变革。"

"你用了什么激励方式?"麦克纳利问道。

激励女士脸色一亮,她兴奋地说道:"首先,我们动用金钱奖励。变革先生计算出了自己的计划得到落实之后,会给ACME节约的资金金额,而且他还预测了这将会对现金流产生怎样的影响。他告诉我这些时,我建议他给出一个具体的数字,因为我觉得这可以更好地激励员工。还有件事应该告诉你,我们当时还请负责绩效管理的彼得一起参加讨论。我们觉得,如果不跟绩效管理挂钩的话,激励很可能会适得其反。"说到这里，她停了下来，麦克纳利注意到她的神色有些变化。

"结果怎样？"麦克纳利问道。

"我们抽出了几个星期时间，举行了几次会议，制订了一个能够把变革先生、绩效管理先生，还有我们期望员工应有的表现之间联系起来的方案。我们确保这个方案是公平而且可以衡量的，但这个方案遭到了抵制。"

"遭到了谁的抵制？"

"预算女士贝利。"激励女士回答道，她丝毫没有掩饰自己的愤怒。

麦克纳利想到预算女士是一个很实际的人，而激励女士显然对此非常不满。

"你还给了变革先生什么建议？"他问道。

"当变革先生向领导团队做报告的时候，我会参加，那时他会向领导团队详细介绍他的计划。我想如果能够成功说服这些家伙，他就应该向我们的员工做类似的报告，毕竟，他们才是受变革影响最深的人。至少要让员工们意识到，领导团队在建议发起变革的时候，的确经过了认真的思考和分析。"

"他做了吗？"

"做了，"激励女士回答道，"但你知道吗？在做报告之前，我就知道他先后得到了派克斯、发起人斯宾塞先生，还有其他人的支持。如果说变革先生最擅长哪一件事情,那就是他总是会尽力把所有的潜在支持者都拉到一起。"

"你知道有什么人想要杀死变革吗?"麦克纳利问道。

停顿了几秒钟之后,激励女士回答道:"我一向都不是一个喜欢说别人坏话的人。"

麦克纳利反驳道:"这可是一起凶杀案。如果有任何相关信息,不管是好话还是坏话,你都有义务告诉我。"

激励女士泪眼朦胧地说道:"这纯粹是我的猜测而已。"

"我明白。"

"我觉得你应该已经知道了,很可能是预算女士。虽然我知道金钱并不是唯一能够激励人的东西,但我想它还是很重要的。我感觉是预算女士想要赶走变革先生。"

"还有谁?"麦克纳利问道。

"绩效管理先生彼得——我想文化女士卡罗琳娜可能也有份。她本应该一直在场,可我们却很少见到她的影子。你想知道原因吗?因为她每天都在预算女士贝利的办公室里,她们整天关起门来,不知在密谋什么。实话告诉你,这两个人是同伙。"

"还有谁?"

"哦,有人可能会觉得我疯了,但我相信,如果不是预算女士贝利,也不是文化女士卡罗琳娜,那就一定跟帮派有关。"

"跟帮派有关？"麦克纳利吃惊地问道。

"是的，其他变革并没有像这次这样失败得如此彻底。"

"到底发生了什么事？"

"我听说有个部门的经理事先得到要发动变革的消息，于是就召集了一些重要员工，告诉他们应该阻止这次变革。这只是我听到的小道消息，但我认识这位经理很多年了，他以前干过类似的事情。他是个非常狡猾的家伙，从来没被抓住过。他在部门里有一些死党，所以没有人敢顶撞他。"

麦克纳利看了看手表，发现已经到了约见下一位谈话对象的时候了。"我可能需要再跟你谈一次。"他一边说着，一边从桌子边站起身来。

"就谈到这里吗？"激励女士看起来有些吃惊。

"暂时先谈到这里吧，但我会跟你保持联系的。"

激励女士一边擦着眼泪一边擤着鼻子，站起身离开了。

对于计划先生、预算女士、培训先生和激励女士的反思

麦克纳利开始怀疑，在这样的组织中，变革是否能有机会被启动和实施都很难说——更不用说持续下去了。他新换的一本笔记本，上面也写了很多东西。他希望自己在办案过程中学到的东西能够帮助到更多的组织。他看了看自己对这4位嫌疑人所做的总结。

计划先生

显然，计划先生不是变革先生的朋友。

- 他从没有参与过任何细节工作，只是专注于"大画面"，但只有细节才能引起人们实施变革的兴趣。否则，在执行变革的过程中，他们会吃惊地发现从来没有人从他们的角度考虑过变革。
- 他的计划中从来没有涉及过变革的初步成果，结果人们在变革实施初期很难看到任何实际的效果。如果一开始没有什么值得鼓舞人心的成效，那些喜欢静观其变的人就会以此作为借口来抵制变革。

◆ 他从来没有让执行变革的人参与到变革决策中来，更没有以此来使他们接受变革，也没有借助他们的力量来完善变革决策。

预算女士

预算女士嫌疑很大，很多同事都觉得是她谋杀了变革先生。

◆ 她几乎没投入任何资金为变革提供必要的基础条件。

◆ 她的权力太大，足以影响领导团队的其他成员，而领导团队又对变革能否成功至关重要。

◆ 她的确批准了——在发起人的重压之下——一些资金申请。但这些资金其实没有太大意义，只是预算女士在压力之下不得已而为之。比如说，预算女士按计划先生的要求聘请了几位专业顾问。他们在一间办公室里工作了几天，拿出了一套厚厚的文件，却没有咨询任何真正懂得如何启动变革的人。当然，预算女士也拨出了一小笔钱给培训先生，因为她很清楚，如果不经过任何培训就尝试进行变革的话，她将会在公司沦为笑柄。

培训先生

培训先生也对变革之死难辞其咎。

- 他在做培训的时候总是漫不经心,这样的培训几乎毫无意义。
- 接受培训的人根本没有接触过这些业务流程和技术,所以他们在培训之前根本不知道该注意些什么。
- 由于培训先生看起来总是邋里邋遢,而且他的能力也非常有限,所以他很难被参加培训的学员们所认可。

激励女士

激励女士的嫌疑是最小的。

- 她也尝试过帮助变革,但她没有跟文化女士和绩效管理先生进行良好的沟通,所以她的大部分提议都被预算女士否决了。

Suspect 12 Performance Management　第 14 章

12 号嫌疑人
绩效管理先生

People want change but they're not willing to pay for it.
人们想要变革，但他们却不愿意付出成本！

下一个谈话对象是绩效管理先生彼得 (Peter Performance Management)。这天早些时候,麦克纳利收到安娜的便条,说彼得可以在上午 11 点跟他见面,但见面地点要定在彼得的办公室。

麦克纳利很高兴能暂时离开一下会议室。他走出会议室的大门,乘电梯来到底层。穿过很长一段昏暗的走廊之后,他看到大楼的角落里有几间很小的办公室。麦克纳利徘徊了一会儿,希望有人能把他带到绩效管理先生的办公室。

看到第一间有人的办公室之后,麦克纳利向里探了探脑袋,只见一个身材矮胖的中年男人正坐在一堆文件中间。这位男士眼神迷离地抬头看了看他。

"你是?"他问道。

"我是探员迈克·麦克纳利,我约了绩效管理先生 11 点见面。"

"我就是,请坐。"他指着角落里一把没有扶手的椅子说道。

麦克纳利坐了下来,开始打量这间办公室。除了几个金属文件柜和桌子上的文件之外,房间还算整齐。但麦克纳利还是感觉有些不对,不过他也说不出来究竟是哪儿不对。

12号嫌疑人
绩效管理先生

　　绩效管理先生整理了一下自己的办公桌，把文件放到背后的书柜上，麦克纳利注意到那上面已经高高地堆了好几摞文件。他看了看麦克纳利，挤出了一丝笑容。

　　"你好，谢谢你能来这儿见我，"他说道，"我必须做完这几个项目。每年这个时候都是忙成一团，因为我们要交业绩评估报告了。每个人都等到最后一分钟才交来自己的报告，所以我总是忙得要死。"他一边说着，一边去拿办公桌一角装着纸包糖果的小碗。"来一块吗？"他把小碗推向麦克纳利，"都是热带糖果——番石榴、芒果、百香果。不用担心，都是无糖的。"

　　"谢谢，不用了。"麦克纳利说道。

　　"我自己也是更喜欢抽烟。"绩效管理先生微笑着说道。

　　"工作紧张吗？"麦克纳利问道。

　　"紧张？"他回答道，"你看，我都快被工作活埋了。"

　　对于麦克纳利来说，这是一个不错的开场白。"你在这儿工作多长时间了？"他问道。

　　"到7月份就满20年了。"绩效管理先生回答道。

　　"你喜欢自己的工作吗？"

　　"当然喜欢。工作很辛苦，但报酬也不错。"

　　"我的问题可能有些明知故问，但我想知道你在这儿是干什么的？"麦克纳利问道。

111

绩效管理先生向后靠在椅背上,剥开一块糖果,小小的办公室里响起了包装纸窸窸窣窣的声音。终于,他回答道:"我的任务是确保大家能够给出我们想要的成果。每年我们都会要求各级领导为团队的每一位成员定出具体的目标。然后我们会对照这些目标对大家进行评估,召开会议,提出反馈意见。"

"那么你是从哪方面介入的呢?"麦克纳利问道。

"你看,"绩效管理先生一边说着,一边挥手一指堆积如山的文件,"所有这些文件都是我搜集的。这儿的大多数领导者——我肯定你已经见过几位了——都喜欢拖拉。你可能已经跟发起人或紧迫感先生谈过了,他们俩是最拖拉的,很少会按时交来评估报告。"他一边鄙夷地摇了摇脑袋,一边把糖果扔进嘴里。

"你跟变革先生关系怎样呢?"麦克纳利问道。

"哦,还好。变革先生和我关系不错,我们多数时间都是立场一致的。你明白我的意思吧。总的来说,他提出的很多变革建议我都很喜欢,但是我必须承认,有些建议也会让我睡不着觉。"

"为什么?"麦克纳利问道。

"我想是因为几乎所有跟变革有关的东西都是新的,我很担心我们是否能够成功地把这些新东西传达给那些要落实它们的人。每次要求人们做出改变的时候，我们从来没有降低过他们的业绩标准。一到做业绩评估的时候，由于很多人好几个月里都在忙着变革，所以他们很难达到目标业绩。"

"这真是一团糟，"他叹口气接着说道，"我很怀疑这儿的人是否掌握了推动变革所需要的技能。"

"那么你对于组织的担心要超过对自己的担心了？"麦克纳利问道。

绩效管理先生垂下眼睑，舔了舔嘴里的糖果："坦白说，我经常担心我能否按照变革先生制订的新标准来评估大家的工作。"

"想过是谁谋杀了变革吗？"

"是的。"绩效管理先生点了点头，然后是很长时间的沉默。最后他平静地说道："我想是预算女士贝利。"

"预算女士？"麦克纳利问道。

"是的，我很肯定，就是预算女士。"

这句话的确引起了麦克纳利的兴趣，但麦克纳利还是不动声色，他用手托着脑袋，说道："那么她的动机是什么？为什么预算女士想要变革先生去死？"

绩效管理先生没有回答这个问题，反而从椅子上站起身来，走到其中一个文件柜前，抽出一摞文件放到麦克纳利面前的桌子上。

"这是什么？"麦克纳利问道。

"过去6个月的采购申请。"

麦克纳利简单看了看这些采购申请，他没有告诉绩效管理先生自己已经在变革先生的文件中看过这些申请的复印件了。这些都是变革先生递交的申请，每份文件上都盖了一个大大的"否"字公章，下面是预算女士的签名。麦克纳利抬头看着绩效管理先生。

"人们想要变革，但他们却不愿意付出成本！预算女士贝利，她简直……"绩效管理先生停顿了一下，想找个适当的词，"太抠门了。变革先生要做的事情肯定需要一些培训工作，有些地方还需要重新装备。你看这些采购申请，他并没有要买月亮，他要的只是一些基本的东西。"绩效管理先生用力咬了一下糖果，发出了很大的声音。

"大多数申请都跟4个主要的变革计划有关？"麦克纳利说道。

"4个？谁说有4个？"

"发起人斯宾塞先生。"

绩效管理先生转了转眼球说道："那个家伙总是花很多时间去照镜子，他就是看不够自己。我们有，或者说曾经有过，

2个大的变革计划。"

麦克纳利问道:"你觉得是预算女士自己一个人干的吗?"

绩效管理先生突然微笑了一下,好像感觉这个问题很好笑。"如果你在凶杀现场找到一把正在冒烟的枪,相信那枪上一定布满预算女士的指纹,但是……"话刚说到一半,他又停下了。

"但是什么?"麦克纳利问道。

"她可能会有个同伙,但我怀疑你根本找不到任何证据。"

"能说具体一些吗?"麦克纳利问道。

"你见过文化女士吗?"

"见过。"

"我在这儿差不多20年了,见她一共不超过8次或10次,但我听说她是一个很有影响力的人物。在我的印象中,她也很关心我们的开支情况。"

"你是说预算女士是在按照文化女士的意思行事?"

"差不多吧,"绩效管理先生回答道,"据我所知,她犯的罪应该不比预算女士轻。我不是一个喜欢抱怨的人,我只关心我自己的工作。但在发动变革这件事上,如果其他人都没有完成自己的工作,我这边就显得不太好看了。"

"听着,"麦克纳利说道,"我希望这次谈话内容只有我们两个知道。我还要做很多调查,不想让太多人知道这件事。"

绩效管理先生回答道:"没问题,事实上,我也正想说这个。我可不想失去这份工作。"

突然,麦克纳利意识到这间办公室的问题出在它所处的位置和它的条件上。HR 部门居然被安置在 ACME 总部大楼地下的一个偏僻角落里。屋子里的家具都很破旧——设备也很过时——甚至连一台电脑都看不见,只有一些灰色的金属文件柜,大多数文件柜看起来好像几十年没人碰过一样。

"所有这些文件柜都在用吗?"麦克纳利问道。

"是的,这些文件柜就是我们存放业绩评估表格的地方。相信我,这些表格加起来足有一吨重。"

"即便是在今天这样一个电子文档时代?"

"变革先生曾经提议要建立电子记录管理系统,但就连这个计划也没有通过。"绩效管理先生讥讽地大笑起来。

直到麦克纳利跟绩效管理先生道别,穿过灰暗的走廊走到电梯的时候,这种笑声还在他的脑海里回荡。

Suspect 13 Accountability

第 15 章

13 号嫌疑人
责任先生

If you want something done right, you just have to do it yourself.

要是想把一件事情做好,你就必须亲自动手。

麦克纳利探员回到会议室的时候，责任先生艾丹（Aidan Accountability）已经坐在那里恭候他了。责任先生看起来只有 25～30 岁的样子，打扮得非常时髦，比麦克纳利想象的要年轻很多。

"你好，我是探员麦克·麦克纳利。"麦克纳利说道。

"我是艾丹。"年轻人伸出手来。

"请坐，"麦克纳利一边说着，一边走向会议桌对面的一把椅子上，"我想你已经知道我要跟你谈什么问题了吧？"

"当然，这又不是什么秘密。"

"你的上司是谁？"麦克纳利问道。

"发起人斯宾塞先生。"

"你们多久见一次面？"

"哦，我一入职我们就见了一面，他很清楚要让我做什么。从那以后我们再也没有见过。"责任先生的语气跟他的答案一样冷淡。

"你到这家公司多长时间了？"

"刚刚 6 个月。事实上，我是跟变革先生同一天上班的，我们一起参加了入职培训。"他的语气里又充满了热情。

麦克纳利问道："你经常跟他一起工作吗？"

"哦，是的，我们总是在一起工作。"

"你们俩？"麦克纳利问道。

"我的部门！"责任先生说道。

"你有部门？"

"当然，"他说道，"我的这个位子已经空了两年了。这活不好干，我知道很少有人有资格拿到组织提供的薪水，所以刚一上任，我就聘请了授权先生（Delegation）、跟进先生（Follow-up）和结果先生（Consequences）。当时我的部门里有很多工作需要完成，现在也是这样。"

麦克纳利问道："那么你是怎样得到预算女士批准的呢？"

"那的确比较费劲。她是一个非常，嗯，特别抠门的家伙，你明白我意思吧？在我请来的人中，其实只有授权先生一个人领到了工资，而且还是最低工资。跟进先生只是在这里实习，结果先生则是得到了一些补贴。"

这时突然响起了敲门声，安娜探进脑袋，对责任先生说道："不好意思，打扰你们谈话了。IT部门的经理打来电话找你，他说是紧急情况。"然后她关上门，转身离开了。

"不好意思。"责任先生说道。他拿起电话，摁了几下。在接下来的对话中，麦克纳利只能听到责任先生所说的话。

"你好，是授权先生吗？是的，是我。听着，IT经理手头有件事需要我们马上处理。不，我正在跟麦克纳利探员开会，没办法离开。我知道你手头有很多事情要做，但是……听着，带着跟进先生一起去。一定要判断清楚他们究竟需要什么，然后把事情交给跟进先生处理就可以了。——什么？他这个月请病假了？好吧，好吧，那就带着结果先生吧。我知道他不太善于跟人打交道，去之前告诉他你只需要他露面就行了，不需要他讲话。他只要卷起袖子，抱着胳膊，活动活动肱二头肌就行了。是的，他会喜欢干这个的。"说到这里，责任先生笑了起来。"不，没必要跟我报告了，把事情做好就行了。"

责任先生挂上电话，看着麦克纳利说道："要想把一件事情做好，你就必须亲自动手。"

麦克纳利很难把这句话跟他刚才听到的对话联系起来，他看着责任先生说道："请稍等一下。"

麦克纳利离开会议室，5分钟后又回来了。在椅子上坐定之后，他问道："你想过是谁谋杀了变革先生吗？"

"哦，是变革先生。"责任先生回答道。

麦克纳利有些困惑地问道："是的，你知道是谁谋杀了变革先生吗？"

"哦，对不起，我没说清楚。我觉得是变革先生自己杀害了自己，"他回答道，停顿了一下之后，他又补充道，"是自杀。"

"你觉得他是自杀？"麦克纳利颇有兴趣地问道。

"肯定是，这是唯一合理的解释。我承认，的确有些人不太关心变革先生，但还不至于到想要谋杀变革先生的地步。而且回想起来，变革先生本人也的确表现了一些异常的迹象。要是能早注意到这些就好了，说不定我还能做些什么。"

"什么迹象？"麦克纳利步步紧逼。

"你知道，变革先生一开始是充满热情的，我觉得这家伙真的很有干劲。但在过去的大概6个星期中，他表现得完全像另外一个人。他一天到晚都在这里，我不知道他什么时候睡觉。他总是很容易烦躁，体重也开始降低。我们以前经常一起吃午饭，但他后来似乎也没时间了。我听说他的一个计划进展得还不错，但似乎其他计划都不太顺利。有人说都是某个部门里的家伙搞的，他们可真是不好对付。"

责任先生停顿了一下，然后接着说道："抑郁，对，没错，就是抑郁。变革先生当时面临着巨大压力，我想他一定是受不了这种压力，陷入了严重的抑郁。"说完之后，责任先生把目光瞄向了远处。

麦克纳利立刻把责任先生的这一推测断定为"白痴理论"。变革先生根本没有自杀，他一定是死于谋杀。但责任先生的某些见解还是让他大感兴趣。

"你是说有项计划进行得不是太好,是道听途说吗?"麦克纳利问道。

责任先生看起来有些迷糊了,"哦,是的,"他说道,"但这有什么关系呢?"

麦克纳利此时已经不再掩饰自己的焦虑了。他站起身来,开始一边说话,一边在屋里走动。"我不明白你怎么会对这两个计划一无所知。变革先生需要你的支持,但你似乎根本不清楚公司在发生什么事情。你……"

"听着,这不公平!"责任先生打断道,"我……"

麦克纳利做了个手势阻止他插话,继续说道:"还是我来告诉你详细情况吧。变革先生需要你的支持,你也很愿意提供帮助,但你根本没花时间去帮他。别忘了,你还有——你刚才怎么说来着——你的部门里还有很多事情要做,但你知道该怎么做。授权先生可以完成这些工作,如果他需要帮助,他随时可以请跟进先生和结果先生来帮忙。"

责任先生看起来有些吃惊,不知该说什么。麦克纳利把两只手放在桌子上,向前倾着身子说道:"你显然是在拿自己的工作开玩笑。这份工作要求你表现得非常成熟,但你显然没有做到这一点。刚才我离开了一下,去查看你的会议记录,跟我想的完全一样。"说着说着，麦克纳利的声音越来越大，他又开始四处走动，"问题很明显。你授权让人采取行动，甚至定下了一个完成任务的时间表。可当我查看会议记录的时候，我却发现你只是在表面上完成了任务，没有任何实质性的东西。这些问题真的得到解决了吗？"他反问道。"很值得怀疑。"他又自己回答道。

麦克纳利还想说什么，但他选择了沉默。他所说的话并不能推动自己的调查进一步深入，他又看了一眼责任先生。对方现在满脸通红，眼神一片空洞。麦克纳利停顿了一下，让责任先生有机会说说自己的想法，但他什么也没说。

离开房间的时候，麦克纳利用力摔了一下门。

uper Cops and Stakeholders

第**16**章

超级警察和利益相关人

The employees——the ones change impacts the most——were the primary stakeholders.
那些受变革影响最深的员工才是最主要的利益相关人。

接下来麦克纳利探员要去大楼后侧附近的一间会议室,他要去见几名员工。他知道每个组织里都会有很多利益相关人,但他对自己感到失望的是,他竟然没想起**员工——那些受变革影响最深的人——才是最主要的利益相关人**。转过走廊拐角时,映入眼帘的一幕让他立刻感到浑身发冷。麦克纳利探员一直都在跟警官打交道,所以他很清楚他们是怎么工作的。可他以前从来没有在一栋大楼里见到这幅场景。大厅里光线灰暗,氛围怪异,但尽管如此,麦克纳利还是可以大致看出一些轮廓:一个锯台把通道挡得严严实实,简直是超级路障。一辆巨大的摩托车停在墙边,还有一位麦克纳利见到过的最可怕的警官。

警官全副武装,戴着头盔和墨镜。他粗壮的双臂抱在胸前,像是在说"千万别给我捣乱"。麦克纳利探员刚向前迈一步,警官就举手示意他止步。

"我要去开会……"麦克纳利说道。

警官把手伸向手枪,又向前走了一步。

"好吧。"麦克纳利说道。他退了回来,决定换条路前往目的地。

超级警察和利益相关人

当麦克纳利绕路赶到会议室的时候，里面已经坐了4名员工——会议时间是3点。麦克纳利探员为自己的迟到表示歉意，然后大家开始自我介绍。戴维（David）和凯伦（Karen）来自同一个部门，他们所在的部门是变革计划的坚定支持者，也是执行力最强的部门。马克（Mark）和斯蒂芬妮（Stephanie）来自另外一个部门，他们部门是变革的坚决抵制者。麦克纳利是从变革先生的记事本里挑出这4个人的名字的。

然后麦克纳利做开场白："我跟大家直话直说，希望大家也一样。我在调查变革先生的凶杀案，到目前为止，在这次调查中我至少犯了一个错误。"

4个人都瞪大眼睛看着他。

"我的错误是没有一开始就找你们谈。我用了一天半的时间跟领导者和经理们沟通，他们都……"

麦克纳利停顿了一下，他本来想说"他们每个人都对我的问题含糊其辞，有些人能力很差，换个地方根本找不到工作"，但他忍住了。

"呃……我想为我的疏忽道歉，"他说道，"我从变革先生的记事本上看到，在他生命的最后几个星期里，你们几个跟他在一起的时间是最多的。所以我希望你们能提供一些有助于我调查的信息。"他说着，扫视了一下4个人的眼睛。

4个人交换了一下眼神,最后凯伦说道:"变革先生人很好。刚开始我不喜欢他,他说的东西听起来有些可怕。但你知道,他向我们解释得越多,和我们相互了解的越多,我们也就越知道他想要做什么。如果不是那些阻碍,我想我们可以跟变革先生更好地共事。"

"你是指什么阻碍?"麦克纳利问道。

斯蒂芬妮有些迟疑地回答道:"你肯定见过他们了。哦,也可能没见过。"停顿了很长一段时间之后,她说道:"大多数员工都能看到他们。有些主管也能看到,但经理以上的人就很少能看到他们了。不过请相信我,他们是确实存在的。"她转向其他人,像是在寻求支持。

戴维打破了沉默,他点头说道:"超级警察。"

麦克纳利回答道:"我想我刚刚看到他了,的确非常可怕。"

"你以为只有一个?"马克冷笑着说道,"他们无处不在。我们刚开始找到正路——开始取得一些进展时——超级警察就出现了,他阻断了所有通路。他们一直都在这儿,他们可以在大厅里贴上'我们以前从来没有那么做过'的标语。很多员工都见过他们,可大多数经理和领导们似乎根本不知道他们的存在,我简直不敢相信!"

凯伦问道:"你看到那个手里拿着鞭子四处走动的家伙了

吗？他看起来有点像一位罗马士兵。"

"没有。"麦克纳利回答道。

"哦，那是指责（Reprimand）先生。只有当员工犯错的时候他才会出现。他会一边挥着鞭子，一边告诉其他人他们到底有多愚蠢。激励女士一出现，他马上就会消失，可问题是，激励女士很少出现。"

"虚伪（Hypocrite）先生呢？"马克问道，"你见过他吗？"

"我不太确定，他长什么样子？"麦克纳利问道。

"问题就在于此，他有点像变色龙，每次的样子都不一样。"

"不过，"戴维打断道，"他也很容易辨认，他总是说一套做一套。他演讲的时候经常用'我们、我们、我们'这样的字眼，可一转身，他的做法就完全不同了。"

当麦克纳利开始想象此人的样子，大家陷入一片沉默。

斯蒂芬妮打破了沉默："可让我最讨厌的，还是敞篷车（Convertible，英文中还有可改变的、可自由兑换的之意。——译者注）。"

"为什么叫他敞篷车？"麦克纳利问道。

"因为他能把每件志在必得的事情都弄得陷入低谷。"她回答道。

麦克纳利大笑起来，可他突然意识到其他人根本没笑，于是他赶紧停住,"对不起,"他满怀歉意地说道。

"哦,没关系,"斯蒂芬妮说道,"他是一个十分霸道的家伙,他总是告诉手下'要么听他的,要么走人'。他的有些想法其实挺好的,不过他总是喜欢主导所有细节——哪怕他对公司的日常运作根本一无所知。要是他能多听听我们的建议就好了。"

麦克纳利以为斯蒂芬妮还有什么要说的,可她只是坐在那里,一副若有所思的样子。"我必须承认,"麦克纳利说道,"你们所说的所有这些角色——超级警察、指责先生、虚伪先生、敞篷车——都会让情况变得更混乱。"

"现在你知道我们的感受了吧。"斯蒂芬妮回答道。

麦克纳利跟这些员工聊了近一个小时。最后他拿起电话,请安娜帮他再安排一次会面。

he Autopsy Report

第 17 章

验尸报告：C-15 毒药

C-15 was the mysterious poison that was identified as the cause of death. At the time it was named, there were fifteen known related cases and the C stood for Change.

C-15 是一种神秘的毒药，被认为是导致变革死亡的主要原因。这里的 C 指的是变革，15 指的是 15 种与之相关的死亡原因。

麦克纳利探员站在大楼外面,一边抽烟,一边喝咖啡。天色开始变暗,天下起了小雨。麦克纳利拉紧了外套,靠墙站住了。他暗想道,要是早跟这些员工交流一下就好了。

门开了,安娜的声音把他从自己的思绪中拉了回来。

"麦克纳利探员,法医打来电话,他想跟你谈谈。"

麦克纳利抽了最后一口烟,然后把烟头扔到地上。在走向会议室的时候,安娜说道:"我把电话给你接到会议室。"

麦克纳利走进会议室的时候,电话正在响。他按了免提键,放下咖啡杯。"我是麦克纳利,"他说道,"是你吗,医生?"

"是的,"法医回答道,"我刚刚做完尸体检查。我想告诉你我们的最新进展。你现在方便吗?"

"太好了,"麦克纳利回答道,"说吧。"

法医说道:"死亡时间大概是晚上7~9点。就目前的检查结果来看,我认为应该是死于心脏衰竭。"

"心脏衰竭?"麦克纳利插了一句,"他是自然死亡?"

"别着急,迪克·特雷西,"法医在电话那边轻声笑了一下,"心脏衰竭是中毒的结果。"

"你化验杯子里流出来的液体了吗?"麦克纳利推测道,"到

> 验尸报告：
> C-15毒药

底是什么，砷？"

"当然要化验，"法医回答道，"但它很干净，只是水而已。"

麦克纳利开始想起了什么事情，他说道："那么说，难道是……？"

"没错，"法医回答道，"是 C-15。"

麦克纳利探员想起了自己处理过的其他几件案子。C-15 是一种神秘的毒药，被认为是导致变革死亡的主要原因。**这里的 C 指的是变革，15 指的是 15 种与之相关的死亡原因。**

麦克纳利问道，"对 C-15 有更多的了解吗？"

"没有，"法医有些失望地回答，"科学家们在分析这个问题，但他们只知道 C-15 能导致慢性死亡，通常要过一两个月才能发挥作用。就目前的证据来看，我们能确定 C-15 的症状主要有失眠、焦虑、紧张和体重减轻。我找到了变革先生的医疗记录。他刚加入 ACME 的时候曾经做过一次体检，那时他壮得像头牛。所有检查结果都很正常，之前他没有任何患病史。我给他测了一下体重，在加入 ACME 的这段时间里，他的体重足足减少了 25 磅。哦，还有，他的指甲都快被咬秃了。"

麦克纳利问道："这么说是 C-15 最终导致他心脏病突发？"

法医回答道："不是心脏病突发，是心脏衰竭。心脏病突发通常是由于冠状动脉血管出现堵塞，血液无法流动引起的。

血液不流动就意味着没有氧气,心脏里的细胞就会死亡。变革的动脉血管一切正常。我所说的'心脏衰竭',指的是他的心脏停止了跳动。"

"哇,"麦克纳利说道,"这太可怕了。还有别的发现吗?"

"现在没有,"法医回答道,"我送了一些组织纤维去做检查,但我可以肯定死因是 C-15。"

麦克纳利向法医表示感谢,告诉他如果有任何最新进展的话随时通知自己,然后挂上了电话。

在法医乱七八糟的办公桌上,有一本还没有打开的最新一期的《法医视角》杂志,杂志的第 15 页是一篇名叫《揭秘 C-15》的文章。开头这么写道——

经鉴定,C-15 是导致变革心脏衰竭和死亡的主要原因。虽然人们对这种毒素还有很多问题都没搞清楚,但科学家们已确定了其构成的一些主要元素,其中最主要的有 3 个:

- ◆ 领导变革的人把宣布变革等同于实施变革。
- ◆ 没有考虑打消人们对变革的疑虑。
- ◆ 执行变革的人没有参与变革的规划过程。

Murderer Announced

第18章

真相大白

Change is rarely accepted easily by any organization, but each of you had a responsibility to help him get integrated here.

很少有哪个组织会轻易地接受变革,但每个人都有责任使变革融入组织。

安娜已经做好了所有的安排。麦克纳利请她预留了一个房间，邀请所有的嫌疑人早晨 7 点来开会。房间位于大楼前侧的一个角落，这个房间平时主要是领导和经理们聚会的地方，可以轻松地坐下 35 个人。安娜让人在房间里摆放了一些圆桌子，每张桌子放 4 把椅子，房间四周也摆了一些椅子。除此之外，房间里还放了 2 套沙发和 1 把躺椅。

还差几分钟到七点的时候，麦克纳利走进了房间。麦克纳利开始在演讲台上整理笔记时，大家陆续走进房间。有时他也抬头扫视一下这些嫌疑人，发现根本没有人敢看自己的眼睛。

愿景女士面对窗户站着，双手背在身后，看起来好像全然忘记了身后的人群。

预算女士和文化女士挨着坐在沙发上，不停地窃窃私语。

绩效管理先生和激励女士坐在其中一张桌子旁边。绩效管理先生不停地嚼着一块糖果，激励女士则呆呆地出神。

沟通女士坐在散放的一把椅子上，手里摆弄着自己的助听器。麦克纳利注意到门外有一块标志，上面写着"今早 7 点于此地公布凶手：非请勿入。"他想这一定是沟通女士的杰作。

领导团队先生派克斯也占据了一张桌子。他的脚踝肿了起来,看起来扭伤得不轻——他在不停地交替伸展两条腿。

责任先生、授权先生、跟进先生,还有结果先生一起坐在另外一张桌子上。麦克纳利听不清他们在说什么,但从他们的身体语言上,可以看出他们的谈话不太愉快。他注意到他们在不停地相互指责着对方。

决心先生看起来似乎不太愉快,他不断地从一把椅子挪到另一把椅子上。

培训先生仍然在嚼着什么东西,他悠然自得地坐在一把安乐椅上,并且抛着一个垒球玩儿。

计划先生在叠纸飞机,纸飞机在屋子里飞来飞去。

发起人看起来很无聊,麦克纳利觉得这可能是因为不是他亲自主持这次会议。

麦克纳利注意到房间后面有个人,但他就是想不起这个人是谁。他戴上眼镜,吃惊地发现这个人居然是曾出现在他梦里的陌生人。麦克纳利示意坐在眼前的安娜走上演讲台。

"后面那个身材矮小的家伙是谁?"他轻声问道。

安娜看了看房间后面,抬了抬眉毛说道:"恐惧(Fear)先生。"

"恐惧?"他问道。

"是的,"她回答道,"他并不在这里工作,我是说,他并不在这里领工资。他只是偶尔出现，也没有人问他为什么会出现。他从来不跟人说话，但只要他一出现，大家的行为都会有所改变。"

麦克纳利考虑了一下是否应该让恐惧先生离开。可他感觉，让恐惧先生留在这里或许是件好事。

安娜看着麦克纳利，敲了敲手表。麦克纳利清了清喉咙说道："7点了，我们开始吧。首先，我要感谢大家抽时间来参加这次会议。"

门突然被推开，紧迫感先生急匆匆地走了进来。他嘟嘟囔囔地道了歉，然后找个座位坐下。

麦克纳利接着说道："大家知道，变革先生最近遇害了。在过去的2天里，我一直在跟大家谈话。"他直视着责任先生继续说道："事情已经弄清楚了，是谋杀。"责任先生看上去好像是在数自己的鞋带，"他是中毒而死，凶手就在这个房间里。"

大家反应不一：有的人保持沉默，有的人则露出了一副怀疑的神情，还有的人则大声地倒吸了一口冷气。愿景女士也从窗子旁边转过身来，看着麦克纳利。

麦克纳利继续说道："我并不像你们中的某些人想得那么愚蠢。我没有高学历，但我的确很了解变革先生，了解人性。我的整个职业生涯都在研究变革和人。**很少有哪个组织会轻易**

地接受变革，但每个人都有责任使变革融入组织。"

"愿景女士。"麦克纳利提高了声音喊道。

突然听到有人叫自己的名字，愿景女士不由自主地颤抖了一下。

"你的工作是帮助其他人看到变革先生带来的好处，帮助他们超越现在，看到未来。但是遗憾的是，你彻底失败了。"

愿景女士又从口袋里抽出纸巾，开始擦眼镜，她没有抬头。

"紧迫感先生，"麦克纳利大声说道，"变革需要你的支持，需要你帮助他融入你的组织，帮助他制订一项更诱人的计划。你给予他支持了吗？没有。你总是迟到，可能将来参加自己的葬礼时你也会迟到。"

"发起人斯宾塞先生，"麦克纳利看着对方的眼睛说道，"大家需要意识到高层管理团队在背后支持变革。这并不是开几次会或者打场高尔夫球能做到的。你需要建立一支好的领导团队来支持变革——这点你也没有做到。"

麦克纳利走到窗前，抬头看了看天空，然后转向大家。

"哦，你在那儿，"麦克纳利看着计划先生说道，"我希望你偶尔也抬头看看天上的云彩。你大部分时间都在那里度过，不是吗？"

"还有文化女士，"麦克纳利降低了嗓门说道，"在所有人当中,你是最有可能为变革的成功奠定基调,打好基础的。但你说的和做的很不一样,对吧?你像个幽灵一样忽隐忽现,还希望能够得到人们的尊重。别开玩笑了。"

"还有你的死党,负责财务的预算女士。"他接着说道。

麦克纳利注意到此时恐惧先生已经坐到了沙发扶手上,正在瞅着预算女士。

麦克纳利接着说道:"预算女士,你很清楚,如果没有适当的资金支持,变革很少能够取得成功。让我吃惊的是,你盖了那么多否决章,居然没有得腕管综合症(手腕长期受力压迫神经引起手和手指疼痛。——译者注)。你说的没错,在批准资金申请之前,其他人也应该做好自己的工作。但你从来没有告诉大家你为什么会否决变革先生的申请。如果你给他们一个合理的解释,或许他们就会调整自己的行为。"

"还有我们大名鼎鼎的培训先生,"麦克纳利挥手扫过整个房间,"这对你来说只是一场游戏。你完全能够帮助员工们学到足够的技能来支持变革,但你大部分时间都在办公室里看体育节目。我来给你打分吧,培训先生,你输了。"

听到这话,培训先生第一次失手,没接到垒球。

麦克纳利把目光转向责任先生的桌子:"还有你,'推脱责任派',你要为自己感到耻辱。变革先生需要你的支持,这样才能确保变革成功。变革到来时，人们需要负起责任。只有跟进是不够的，你需要把结果作为锤子，而当恐惧在场的时候，结果才能发挥作用。"

恐惧先生这时站到了结果先生身后，给他做颈部按摩。

"我们都知道，"麦克纳利一边转向激励女士，一边说道，"激励大家接受变革可以有很多方式。"他的声音听起来不那么严厉了。

"我不太懂激励，但你完全可以用一些人们更容易接受的方式来更好地推动变革。虽然问题很多，"他一边扫视人群，一边说道，"但你不应该放弃努力。"

麦克纳利看了看沟通女士，他怀疑这位一直在调整助听器的女士究竟有没有听到自己刚才说的话。他甚至忍不住想要告诉对方"你有权保持沉默"，但他还是忍住了。

"沟通女士，"他提高音量说道，"变革先生需要在组织中发出自己的声音，而你并没有帮他做到这一点。不仅他需要自己的声音，员工们也需要听到他的声音。他们还需要有人聆听他们的恐惧。"

此刻坐在房间后面的恐惧先生点了点头表示同意。

"需要有人听到他们的顾虑和想法，"麦克纳利接着说道，"在这方面，沟通女士，你做得很差。"毫无疑问，这句话她听到了，她的眼睛里开始泛出泪水。

麦克纳利转过头，发现领导团队先生派克斯也在看着自己，派克斯已经停止活动筋骨了。麦克纳利说道，"派克斯，你最致命的弱点就是自我意识太强。变革需要一个团结一致的团队来支持他。在一开始的时候你以支持他为傲，但后来你成了所有活动的中心人物，对吧？你想要得到掌声，但你并不愿意去承担所有这些工作。"

接下来是绩效管理先生，麦克纳利看着他说道："在这样一个机能失调的组织中，你做得算是相当好了。会议结束之后，我希望你能带着那些采购申请表去预算女士办公室，让她重新考虑一下这些申请。"

现在只剩下决心先生了，他正不安地坐在椅子上，恐惧先生像个影子一样盘踞在他周围。

"在这么无能的同事当中，决心先生，你的确没有任何办法。"决心先生以为麦克纳利还有其他话要说，但麦克纳利没有再说。恐惧先生从他的身边走了开去。

麦克纳利把自己的手表摘下来放到演讲台上，他看了看手表，准备保持30秒钟的沉默。他想让大家一起度过这不愉快的30秒。房间里的每个人都面面相觑，紧迫感先生快步走过每一个人身边，恐惧先生开始在房间里飞奔。

真相大白

突然,紧迫感先生停了下来,大声叫道:"我受不了了!你说到底是谁杀死了变革,到底是谁?"

麦克纳利深呼吸了一下,看了看房间里所有人。"要我看,凶手是你们所有人,"他一字一句地说道,"所有人都是凶手。你们大多数人都到过犯罪现场。变革先生尸体旁边打翻的杯子里并没有任何毒药,法医做过检测,里面是干净的。杀死变革先生的是一种慢性毒药。我还不能证明这一点,但我相信那种毒药就是漠视——你们的漠视。他曾经尝试过独立求生,但变革毕竟不是一个人能完成的工作,他最终失去了活下去的信心和勇气。"

"如果有足够的证据,我会逮捕你们所有人,可是……"他的声音越来越小。

麦克纳利整理了一下手头的文件,把它们装进公文包,走到门口,他回头看了一下,说道:"我相信,过不了多久,你们会再请来一位变革先生。但我不希望再在这里见到你们。"

他转过身去,离开了房间。

第 19 章

尾声：变革先生还活着！

McNally could not let Change go like that.
麦克纳利不能让变革先生就这样死去。

第二天早晨，麦克纳利来到墓地。他前一晚睡得不好，他觉得自己需要向变革先生做最后的致敬。变革先生没有任何直系亲属，他去世时没有举行葬礼，也没有任何人表示哀悼。麦克纳利不能让变革先生就这样死去。

他一边向墓地走去，一边紧了紧外套，墓地的费用是由政府支付的。早晨的天空很晴朗，冷风阵阵袭来，他低头看着那块简单的墓碑。

默默地哀悼了几分钟后，麦克纳利站起身来，走向自己的车子。这时他的手机响了，是安娜打来的。"我是麦克纳利。"他对着电话说道。

"又一个。"她着急地说道。

麦克纳利的心沉了下去。"尸体在哪儿？"他说道。

"哦，不是，没有尸体。"安娜的声音里流露出一丝兴奋。

"你什么意思？"麦克纳利问道。

安娜回答道："又有一个变革先生遇刺了，被一刀捅在后背上，不过他没死。他现在正在纪念医院的急救室里。"

麦克纳利立刻回答道："告诉他们我马上到。"他挂上电话，打开车顶的警笛，像出膛的子弹一样飞驰而去，车轮扬起的尘

尾 声
变革先生还活着!

土漫天飞扬。

麦克纳利看了看后视镜,见到变革先生的坟墓渐行渐远,他似乎看到了成百上千个相似的坟墓。

"变革先生,"他一边飞驰,一边说道,"等着我。"

毫无疑问，你之所以会读这本书，是因为你想要知道如何成功地带领自己的组织实现变革。到目前为止，我们已经了解了很多能够谋杀变革的角色，但这些角色同样能够帮助变革取得成功。

本章将讨论每个角色怎样帮助你在自己的组织里成功实现变革。你可以根据下面的内容来判断该如何让你的组织实现变革，了解变革过程中可能存在怎样的风险。然后你可以据此制订一份行动方案，最大限度地发挥自己的潜力，避免风险。

1. **文化** 组织文化决定一个组织最主要的价值观、信念和行为模式。文化在整个变革过程中的作用至关重要，虽然它能激发和维系变革，但也会让变革彻底失败。要想更好地发挥文化的作用，你可以：

- ◆ 利用现行的组织文化最大限度地支持和维系变革。
- ◆ 争取变革发起人的全力支持，用责任制和激励手段激发和强化实现变革所需要的组织文化。
- ◆ 找出组织现行文化与变革存在的冲突，并设法调整自己的组织文化。

不妨问问自己：

◆ 你会如何描述自己的组织文化？
◆ 你的组织文化在哪些方面能够帮助变革取得成功？
◆ 你的组织文化在哪些方面会妨碍变革取得成功？改变组织文化究竟有多难？怎样才能让你的组织文化更好地适应变革？

2. **决心** 决心指的是一个人为了变革而采取某种行动时的动力和信心。要想加强人们实现变革的决心，你需要：

◆ 创造机会让人们说出自己的顾虑和担心，并对其一一做出解答。
◆ 让那些即将受到变革影响的人更多地参与变革，这会让他们形成一种长期的可持续的革新热情，而不只是一时的顺从。
◆ 创造机会让那些变革的坚定支持者与那些尚未下决心接受变革的人进行沟通。

不妨问问自己：

- 那些需要参与变革的人是否有机会表达自己的顾虑和担心？怎样才能消除他们的顾虑和担心？
- 那些需要参与变革的人是否有机会参与到变革过程中来？如果没有，怎样才能创造机会，让他们下定决心接受变革？
- 你准备采用什么策略来促进变革支持者和"骑墙派"之间的交流与沟通？
- 你是希望大家只是顺从上司的命令，还是自发地进行变革？通过什么办法才能让人们下定决心进行变革？

3. **发起人**　发起人是有权调派资源（比如说时间、金钱和人员等）来启动、实施和维系变革的高级领导者。一位高效的变革发起人必须：

- 选拔人才，组建一支高素质的领导团队，在日常工作中推动组织变革。
- 解答变革参与者的困惑，争取他们的接纳和支持，邀请他们参与到决策过程中来。
- 以身作则，牢记"行动比话语更有说服力"。
- 认可和强化与变革一致的行为，更好地激励大家。

◆ 让大家意识到领导层的决心，培养大家的责任感。

不妨问问自己：

◆ 你所在组织的发起人是否如上所述？
◆ 如果变革发起人没有表现出上述行为，他们是否知道别人期待他们能够以身作则？
◆ 如果变革发起人不知道大家期待他们做什么，你该怎么做？

4. **变革领导团队**　变革领导团队是一支由公司管理层组成的队伍。他们负责在日常工作中执行各种变革领导策略，带领人们完成整个变革过程，并最终实现变革目标。这支团队的成员应该：

◆ 曾经参与过一些成功的变革。
◆ 可以抽出必要的时间。
◆ 受同事尊重。
◆ 拥有高超的技术水平。
◆ 能够如实向自己的上级汇报情况。

- ◆ 懂得沟通。
- ◆ 代表各种不同的观点，来自不同的领域和层级，包括专业人士，也包括变革的支持者，当然还包括变革的抵制者。
- ◆ 变革领导团队需要不断地向大家传达各种信息——无论由哪位成员具体负责——这点尤其重要。

不妨问问自己：

- ◆ 是否找到了合适的人选来组建变革领导团队？
- ◆ 你的变革领导团队成员是否同心合力？
- ◆ 是否建立了一支多样化的变革领导团队，能够有效地把变革推进到组织的各个领域？

5. **沟通** 要想变革取得成功，有效的沟通至关重要。通常来说，要想做到有效沟通，你需要：

- ◆ 在变革领导者和执行者之间做好双向沟通，而不是单向沟通。
- ◆ 经常通过各种不同途径进行沟通——最保险的是至少

通过 7 种不同的途径尝试沟通。

◆ 无论负责与员工进行沟通的是谁，所传达的信息必须是一致的。

◆ 由值得信任的发起人、变革领导团队成员，以及变革支持者与广大人员进行沟通。

不妨问问自己：

◆ 组织在变革问题上的沟通效果如何？
◆ 如果效果不太理想，你准备如何加强沟通？
◆ 你是否解答过变革执行者们的疑惑？
◆ 你准备通过什么办法来加强变革支持者和"骑墙派"之间对话？

6. **紧迫感**　要想建立紧迫感，你需要向人们解释为什么组织需要变革，大家需要在多短的时间里改变自己的工作方式。如果没有紧迫感，人们就意识不到变革的紧迫性，他们就会满足现状，这种惰性就会越来越强，他们就不会做出你所需要的改变。你可以通过以下方法来促使变革执行者建立紧迫感：

- 让大家直面现实处境，跟大家分享更多信息，让他们看到组织现状和未来潜力之间存在的差距。
- 提供充分的变革理由，回答"现在的状况到底哪儿不对"，让大家一致对现状感到不满。
- 让大家看到一个能够令人兴奋的变革"理由"——变革后的美好前景。

不妨问问自己：

- 需要执行变革的人是否已经意识到维持现状会导致的问题？
- 他们是否有足够强的紧迫感来发动变革？
- 如果人们的紧迫感不够强，你准备采取什么办法来加强他们的紧迫感，从而更好地推动变革？

7. 愿景 对于那些需要执行变革的人，一个清晰而美好的愿景能够让他们看到组织变革成功之后的美好未来。

- 只有在大家有了足够的紧迫感，感觉需要打破现状的时候，愿景才发生作用。

- 愿景不止是一个口号，它应该是人们能清楚看到的组织变革成功之后的图景。
- 让更多人参与到描绘愿景的过程中。
- 让人们清楚地知道自己在未来能够取得成功。

不妨问问自己：

- 你在描绘愿景的过程中是否征求过变革执行者们的意见，他们是否会为变革之后的组织感到兴奋？
- 人们是否能够清楚地认识到自己的未来跟现在会有何不同？

8. **计划**　实施变革的计划非常重要，但规划过程更重要。要制订一份有效的变革计划通常需要：

- 邀请变革执行者——尤其是那些能够看到变革过程可能会出现问题的反对者，参与变革规划过程。
- 提供足够的详细信息，帮助战斗在一线的变革支持者们顺利开展工作。
- 明确工作的优先顺序。

- 确定一些明确的标准，以便于你判断变革是否能取得成功。
- 请那些最早接受变革并努力克服变革中种种困难的人当"引航员"。
- 用一些"立竿见影的成果"，说服那些尚在犹豫的人。
- 提供必要的基础条件来支持变革，确保你没有遗漏一些必要的基本投资。

不妨问问自己：

- 根据上述标准，你的变革计划到底多有效？
- 如果变革计划不够理想，你准备如何修正？

9. **预算** 要想一份变革计划取得成功，就必须有一定的投资。在变革之前，一定要从财务角度仔细分析变革方案，以最大限度地利用有限资源，确保企业用于变革的投入能够取得最大的回报。在预算的问题上，一定要牢记：

- 应该由发起人控制预算，而不是由预算来限制发起人。确保发起人真正支持变革，否则一看到麻烦他们可能就会退缩。
- 千万不要忽略基础设施的投资。
- 尽量通过一些低成本方法争取大家的支持（比如说，领导者可以"以身作则"，引导大家做出对变革有利的行为；加强变革支持者和"骑墙派"之间的对话和沟通）。

不妨问问自己：

- 你的发起人是否批准了必要的预算来确保变革成功？
- 哪些关键的变革领域没有得到足够的预算支持？
- 那些领域的预算过多？

10. 培训 变革培训人员可以提供必要的学习经验，帮助变革执行者们掌握必要的技能来执行变革，保证变革成功。一位高效的变革培训人员应该：

- 了解环境，了解变革执行者们关心的事情。
- 能够轻松运用各种变革策略。
- 跟变革执行者们一起合作，让他们表达自己的意见，参与变革过程，增强他们对变革的决心。
◆ 了解变革团队成员在实现某个具体目标过程中的需要，提供必要的指导或支持来满足他们的这些需要（换句话说，要成为一名"情境领导者"）。

不妨问问自己：

◆ 你是否有足够的能力和决心成为一名高效的"变革教练"，让自己掌握上述技能？
◆ 你是否提供了必要的实战培训，让大家掌握必要的技能来实现变革？
◆ 你是否邀请了那些一开始就接受变革，而且比较可信的人来提供培训，帮助变革支持者和"骑墙派"加强相互沟通？
◆ 在实施变革时，大家还有哪些具体障碍，或者你能预见到未来会有哪些障碍？你该如何克服这些障碍？

11. **激励** 激励可以强化那些有利于实现变革的行为。很多人都把激励和金钱奖励混为一谈。大量研究表明，认可要比金钱更能激励人们。有效的激励通常：

- 针对变革所需要的行为和表现。
- 是针对个人做出的，并且标准必须具有普遍适用性。
- 不要过度激励那些为了实现变革而忽略其他重要业绩目标的行为（这里说的是与变革无关的目标，比如说销售产品或服务等）。

不妨问问自己：

- 是否清楚用什么方法最能激励每个团队成员？如果不清楚，你该怎样弄清楚这些信息？
- 用什么创造性的方法来认可别人的工作和努力？

12. 绩效管理 绩效管理是在整个组织范围内确定一些明确的目标，最大限度地激励人们做出能够推动变革成功的行为。绩效管理人可以：

- 按照组织目标和期待来衡量组织当前的进展。
- 提供必要的反馈和培训。
- 将组织取得的成果以及确立的目标形成书面报告。

不妨问问自己：

◆ 是否清楚你的组织是如何衡量业绩的？你是否发现了有利于组织实现目标的因素（比如说人们很愿意学习新的技能和流程）以及一些不利于组织实现目标的因素（比如说财务业绩）？你觉得哪些因素有利于组织实现目标？

◆ 你是否有办法随时衡量组织取得的进展，并判断出组织所面临的一些风险？

◆ 变革执行者们是否清楚自己应该表现出怎样的行为，应该提供怎样的结果，以及具体的时限？

◆ 你的组织是否已经制订出了具体的流程，确保变革执行者们能获得必要的资料和反馈意见。你是否清楚组织对自己的行为有何期待？

◆ 变革执行者们是否清楚各种行为（包括有利于变革的和不利于变革的）所带来的奖励和惩罚结果？

13. **责任** 所谓责任，就是指对员工的工作进行跟进，确保员工的行为和工作成果能够达到预期的目标。责任会让那些行为和结果不符合变革要求的人付出代价，确保领导者们能够做到"言行一致"。责任应该包含以下几个特点：

- 能够清楚地定义成功的标准，比如说 SMART（Specific 具体，Measurable 可衡量，Attainable 可实现，Relevant 有用，Trackable 可追踪，Time-bound 有时间期限）的目标。
- 定期开会，检查进度，为下一步做出计划，确保变革正常进展。
- 双向责任——把领导者和团队成员的表现进行对比，双方必须对彼此负责。
- 公平一致，每个人都要对自己的行为负责——无论是高级领导者、经理，还是一线工作人员。记住，领导者做的比他们说的更重要，他们的行为的比他们的言语更有说服力。

不妨问问自己：

- 领导者们是否要求自己和其他人对变革的成败负责，并将其融入了自己的组织文化中去？
- 组织中的哪些领导者最擅长让人们对自己的行为和业

绩负起责任？他们使用了什么方法和技巧？
◆ 如何才能在组织的其他领域中运用这些方法和技巧？

祝你变革成功！请务必牢记：在任何一个组织中，只有当每个人充分发挥自己的力量，并尽可能邀请更多人参与到变革的启动、实施和维系过程中来，变革才会取得真正地成功。

作者介绍

肯·布兰佳
(Ken Blanchard, PhD)

　　肯·布兰佳博士是享誉全球的管理大师，他是作家、演说家和企业咨询顾问；他被誉为当今商界最具有洞察力和思想力度的人之一。作为一名作家，肯的影响非常深远。他曾写作了多部经久不衰的畅销书，其中包括《共好》、《顾客也疯狂》、《击掌为盟》和《全速前进》等。他与斯宾塞·约翰逊合著的《一分钟经理人》在全美畅销了22年，销量超过1 500万册，并先后被翻译成27种语言出版，影响了整整两代经理人阶层，《一分钟经理人》也因此成为了美国20余年来最畅销的管理著作之一。如今，他在书当中所讲述的内容已经成为全美所有高效经理人的"常识"。

　　布兰佳先生是肯·布兰佳公司的"首席精神官"——职责是使公司保持远见与活力，这家公司是他和妻子马乔里·布兰佳博士于1979年共同创建的。该公司致力于为世界许多大、中、

作者介绍

小型企业提供个性化的管理培训,以"擅长开发员工潜能"著称,曾帮助许多公司跻身《财富》世界500强。此外,肯还参与创建了 The Center for FaithWalk Leadership,这是一家非赢利性组织,致力于培养人们像耶稣一样的领导。

肯是母校康奈尔大学的访问讲师,也是该校理事会的名誉理事。布兰佳博士由于在管理、领导和演讲领域的贡献而得到过许多奖项与荣誉,包括"全美演讲者联合会"最高荣誉"卓越同侪奖"(CPAE)和"国际演讲协会"的"金槌奖"。1996年,"美国培训与发展协会"授予他"人力资源发展卓越贡献奖",以官方形式确立了肯·布兰佳在人力资源开发领域的权威地位。国际管理委员会(IMC)授予他的"威尔伯·麦克菲勒奖"使他在管理史上得以同彼得·德鲁克、爱德华·戴明同列。

作者介绍

约翰·布里特
(John Britt)

约翰·布里特，Mountjoy Chilton Medley, LLP 公司合伙人，拥有20多年针对大型企业的变革指导经验，专门负责变革管理咨询工作。他领导企业的变革过程，帮助企业提高业务成效。在他的职业生涯，他服务过300多家的大型企业，为这些企业提供战略策划，帮助他们提高利润。

除了与肯·布兰佳等人合著《谁谋杀了变革先生》以外，约翰·布里特还在美国许多主流商业期刊发表文章，基于多年的实践经验，他与大众分享自己的领导与变革管理方法。

约翰·布里特拥有人力资源管理学士学位和组织管理硕士学位。

约翰·布里特现居肯塔基州路易斯维尔市。

你可以通过邮箱 John.Britt@mcmcpa.com 联系他。

作者介绍

贾德·霍克斯特朗
(Judd Hoekstra)

贾德·霍克斯特朗是肯·布兰佳集团的组织变革领域专家，是领导变革课程的设计者之一，他还与肯·不兰佳及集团的其他成员合著了畅销书《更高层面的领导》(Leading at a Higher Level)。

贾德与肯·布兰佳集团的另一位专家唐·卡鲁（Don Carew）都认为"每个人都有权利参与影响自己生活的决策"和"那些制订作战计划的人，很少亲自披挂上阵"，贾德的变革方法正是基于这种理念。

贾德在肯·布兰佳集团起着举足轻重的作用，他对客户有着直接而深远的影响。他积极乐观，与人合作的能力超强，他坚定不移地信奉"把对的事情做对"这一理念，并且将其贯穿到工作中。他帮助了许多人做出了不凡的成绩。

2001 年加入肯·布兰佳集团之前，贾德在美国知名的 4F

作者介绍

咨询机构（Fourth Floor Consulting）担任策略执行顾问，此前，他在埃森哲咨询公司（Accenture）担任变革管理顾问。他的主要任务是帮助企业高管们领导他们的企业进行大规模的变革。

贾德从康奈尔大学获得工商管理学士学位，在西北大学凯洛格管理学院（Kellogg Graduate School of Management）研修了高级企业管理课程并且顺利毕业。贾德和他的妻子目前居住于芝加哥，育有两个孩子。

作者介绍

帕特·茨格米
(Pat Zigarmi)

帕特·茨格米是一位极具个人魅力的激励演讲师、备受推崇的管理顾问和培训师、畅销书作者，同时她还是一位成功的女企业家。

站在演讲台上的帕特·茨格米是激情四射的，她有敏锐的洞察力，也有惊人的感染力，她以非凡的天赋向受众传递极有价值的信息，她是一个寓教于乐的演讲大师。与她直面沟通的客户都发现她总是能准确地判断他们的需求，并且竭诚为他们服务。因而无论是她的主题演讲还是项目培训都能得到广大客户的追捧。

帕特·茨格米现任肯·布兰佳集团的业务拓展副总裁，主要负责世界500强企业及其他大型跨国企业长期咨询服务合同的签订与执行。她擅于倾听、具有超强的建立信任的能力，为许多知名企业的高管提供商务辅导，此外，她还在圣地亚哥大

作者介绍

学教授变革管理课程。

帕特·茨格米是领导力和变革管理领域的专家,她是畅销书《领导力和一分钟经理人》(*Leadership and the One Minute Manager*)和《更高层面的领导》(*Leading at a Higher Level*)的合著者之一,她还是肯·布兰佳集团许多培训项目的策划者之一,其中包括著名的情境领导®Ⅱ。

帕特·茨格米于美国西北大学获得社会学学士学位,在马赛诸塞州大学获得领导力与组织发展学博士学位。

肯·布兰佳获得的荣誉

- 康考迪亚大学加州欧文分校 (Concordia University, Irvine, California)：2006年荣获荣誉法学博士学位
- 亚马逊读书网 (Amazon.com)：2005年被评为有史以来最受欢迎的25名作者之一
- 国家演说家协会 (National Speakers Association)：最高荣誉奖及全国同业联盟 (Council of Peers) 绩效卓越奖
- 国际演讲协会 (Toastmasters International)：金槌奖 (Golden Gavel Award)
- 国际权威管理咨询公司埃森哲 (Accenture)：全球50名伟大导师之一
- 美国培训与发展协会 (The American Society of Training and Development)：人力资源发展突出贡献奖
- 国际学习供应商协会 (Association of Learning Providers)：创新思维领导奖
- 美国康奈尔大学 (Cornell University)：年度创业大奖
- 肯·布兰佳博士入选了"人力资源发展名人堂"

肯·布兰佳集团获得的荣誉

　　肯·布兰佳集团由肯·布兰佳博士及其夫人玛吉·布兰佳博士(Margie Blanchard)联手创建于1979年。在28年的发展历史中,集团获得了来自社会各方面的赞扬、荣誉和奖励。

- 美国著名的《在线学习》杂志(ELearning):2006年度领导力最佳方案提供者
- 《圣地亚哥》杂志(San Diego Magazine):2006年圣地亚哥最佳工作地点之一
- 《培训》杂志(Training):领导技巧培训领域的"绩效卓越奖"
- 圣地亚哥市联盟(United Way of San Diego County):社区服务优异表现奖
- 本田汽车公司美国分公司(Honda of America):最佳合伙人暨绩效卓越大奖
- 圣地亚哥人力资源协会:圣地亚哥市最佳雇主奖
- 美国著名管理类杂志《人力资源总监》(Human Resource

171

肯·布兰佳集团
获得的荣誉

Executive)：布兰佳博士的《共好》(Gung Ho!®)一书被列为年度十大成果之一

◆ 《人力资源总监》杂志：肯·布兰佳集团系列丛书《领导力桥梁：情景领导 II》(The Leadership Bridge: Situational Leadership® II)及《MBTI 职业性格测试》(The Myers-Briggs Type Indicator®)荣获最佳成果奖荣誉提名

◆ 《人力资源总监》杂志：布兰佳集团系列丛书《监管人员领导力训练》(The Leadership Training for Supervisors)被列为本年度十大成果之一

肯·布兰佳集团荣誉客户

布兰佳博士是肯·布兰佳集团的创始人兼"首席精神官"。该公司致力于为世界众多大、中、小型企业提供个性化的管理培训,以"擅长开发员工潜能"著称,曾帮助过许多公司跻身《财富》世界500强之列。集团荣誉客户包括:

IBM（International Business Machines）
苹果电脑（Apple）
惠普公司（HP）
康柏公司（(Compaq）
通用汽车公司（General Motors）
宝马公司（BMW）
本田公司（HONDA）
雪佛龙公司（Chevron）
爱立信（Ericsson）
诺基亚（Nokia）
柯尼卡公司（Konica）

肯·布兰佳集团荣誉客户

伊斯曼柯达公司 (Eastman Kodak)

默克公司 (Merck & co)

辉瑞公司 (Pfizer)

道康宁集团 (Dow Corning)

毕博公司 (BearingPoint)

诺华公司 (Novartis AG)

宝洁公司 (P&G Beauty)

强生公司 (Johnson& Johnson)

安利 (Amway)

好时食品公司 (Hershey Foods Corporation)

肯德基 (Kentucky Fried Chicken)

达美乐 (Domino's Pizza)

百事可乐 (Pepsi Cola)

丽兹·卡尔顿酒店 (Ritz-Carlton)

假日酒店 (holiday hotel)

希尔顿酒店 (Hilton Hotels)

哈佛大学 (Harvard University)

康奈尔大学 (Cornell University)

乔治敦大学 (Georgetown University)

肯·布兰佳集团
服务介绍

领导力项目

  肯·布兰佳集团是一家在现场学习、效率改进、绩效管理和领导力提升领域处于领先地位的企业。该集团以其提供的情境领导®II（Situational Leadership II®，简称SLII®）而闻名于世，该项目能够帮助人们成为卓越的自我领导者和领导他人者，如今已成为全世界最受欢迎的领导力项目。SLII®在世界范围内受到《财富》500强公司，以及各种中小型公司、政府部门、教育机构和非盈利组织的广泛欢迎。

  肯·布兰佳集团基于"人是实现所有战略目标、推动组织成功的关键要素"这一理念，帮助客户提高领导力、增强团队协作、维持客户忠诚、变革管理和业绩改进。集团致力于研究如何帮助管理者们改进自己的工作场所，集团拥有世界级的培训专家和教练，能够在各个层面推动组织变革和员工改变，帮助人们完成从"学"到"做"的转变。

  肯·布兰佳集团的领导力专家可以在组织成长、高绩效办公场所和商业趋势上为你提供培训、咨询和主题演讲服务。

变革管理项目

　　变革从来都不是一件容易的事情。大约有70%的变革项目最终会归于失败，或者偏离方向。组织变革的失败可能会导致一些破坏性的后果，比如说工作效率和员工士气大大降低，无法实现预期目标，浪费大量的金钱和时间，员工流动性也会大大提高。

　　变革项目将告诉领导者该如何判断和解决员工在变革过程中经常会出现的一些问题，同时告诉他们该如何调整变革领导策略和行为习惯来解决这些问题。这些策略可以解决变革过程中最常见的失败原因，并指出一些可以预见的问题。我们在这个项目中所使用的模型可以应用到任何变革项目当中，包括兼并和收购，业务流程重组，销售队伍扩展以及新技术应用，等等。

　　如果想了解如何让组织成员接受变革，并且下定决心实施变革，同时提高业绩，请联系肯布兰佳集团，电话号码：+1.760.489.5005。

　　你也可以访问www.kenblanchard.com，点击"变革工具"，了解我们的工作室和培训服务，帮助你的组织实现持久的行为变革，产生可衡量的效果。

演讲项目

布兰佳的主题演讲人会可以在所有与管理有关的活动——包括公司聚会、协会会议、销售会议、行业大会、执行官休整大会——上发表演讲,告诉大家如何培养持久领导力。我们的演讲团队拥有世界上最顶级的演讲大师,能够激励听众产生更大的决心和热情。

布兰佳演讲主题包括:

- ◆ 培训
- ◆ 客户忠诚
- ◆ 员工忠诚
- ◆ 领导力
- ◆ 激励
- ◆ 组织变革
- ◆ 公共行业领导力
- ◆ 团队构建
- ◆ 女性领导力

肯·布兰佳集团的
联系方式

全球总部

The Ken Blanchard Companies
125 State Place
Escondido CA 92029
www.kenblanchard.com
+1.800.728.6000 from the U.S.
+1.760.489.5005 from anywhere

中国

布兰佳中国（Blanchard China）/ 前程无忧
中国 上海浦东新区张东路 1387 号 3 号楼 201203
www.blanchardchina.com
+86 21 6160 1888 转 8970
+86 10 5827 3388 转 8319
candy.lee@blanchardchina.com

访问我们在 YouTube 上的视频

在这里你可以看到肯·布兰佳公司的思想领袖们是如何工作的。你可以订阅布兰佳频道内容，定期收到视频更新信息。

登陆 Facebook，加入布兰佳迷俱乐部

你可以加入我们的内部小圈子，在肯·布兰佳 Facebook 网页上建立链接。你可以联系肯·布兰佳的其他粉丝，了解

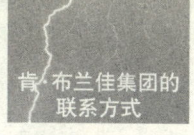

更多关于肯布兰佳图书的信息。此外你还可以看到很多视频文件和照片,受邀参加一些特别活动。

与肯·布兰佳对话

你可以访问肯·布兰佳的博客 HowWeLead.org,了解更多关于成功变革的知识。这是一家公共服务网站,专业讨论所有人都感兴趣的领导力话题。我们是一家无党派、非宗教网站,不会收取任何费用也不会接受任何捐赠。它只是一个社交网络,在那里你可以接触到很多真正了解责任领导力这一话题的人。与此同时,肯·布兰佳也希望能够通过该网站聆听你的想法。

情境领导® II 模型

2007年初，前程无忧与肯·布兰佳建立中国地区独家合作关系，引进著名的《情境领导® II》系列领导力课程。

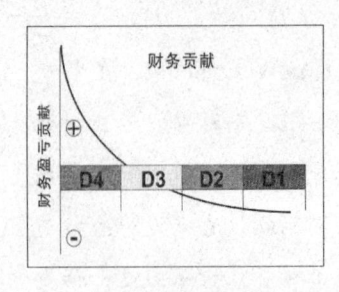

员工刚上任时，不可能马上成为独立自主的完成者。只有极少数的员工在刚进入组织后就能够充分发挥他们的潜能。大部分员工表现平平，有些员工表现得很糟糕，甚至有些在上任后不久便离职。

高效领导者的角色和职责就是帮助员工迅速、有效地推进发展阶段，通过一段时间恰当的教练指导、绩效管理和领导型态配合，使员工达到一定的自信度和能力水平，从而提高生产力和工作效率，成为高绩效员工。

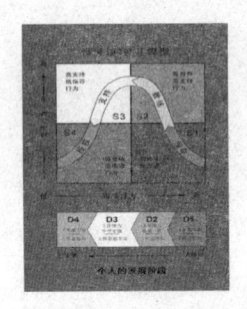

情境领导® II 模型是当今全球使用最广泛、最实用的领导力发展系统，它帮助领导者发展他们的下属成为独立自主的高绩效员工。它帮助管理者实现从老板、评估者、法官和批评家，到合作伙伴、培训师、拉拉队队长、支持者和教练的角色转变。它是帮助组织进入D4或最高效领域的关键要素。

180

> 自我领导
> 成果 = 观念
> （建立个人领导力观念）

《自我情境领导》

建立自信心·创造高绩效·提升领导力

　　课程收获：

- ◆ 明确员工个人目标和任务，从而推动绩效增长；
- ◆ 帮助员工从被动回应转变成积极主动；
- ◆ 提高公司员工解决问题的能力和主动承担的责任感；
- ◆ 加速学习效果，从而提高工作效率；
- ◆ 提升员工的工作意愿和组织内的授权水平。

> 一对一领导
> 成果 = 信任
> （建立伙伴关系，帮员工实现高效业绩）

《情境领导® II》

培养领导能力·提升工作意愿·降低人才流失

　　课程收获：

- ◆ 提高领导者的能力，使他们擅长进行工作指示、目标制定、教练辅导、绩效评估、积极聆听、有效反馈和积极主动解决问题；

- 明确员工个人目标，并使之与组织发展方向保持一致；
- 建立伙伴式的绩效跟进系统；
- 降低人才流动，提高关键人才的保留率；
- 提升工作满意度，鼓励各层面员工的工作士气。

《一线经理的情境领导》

提升一线主管经理的领导能力

课程收获：

- 提升领导者的各项领导能力，以促进整体绩效的发展；
- 建立组织内共同的领导力沟通语言；
- 与员工在不同的发展阶段上建立伙伴关系。

团队领导
成果 = 团结
（没人比得上团队的力量）

《团队情境领导》

通过高效的五步法，创新且灵活地解决复杂的团队问题

课程收获：

- 提升团队的工作绩效；
- 帮助停滞不前的团队尽快走出困境；

- 创建以参与和创新为核心企业文化；
- 培养领导者能力，以应对团队发展不同阶段的需求；
- 理解团队工作动力以及团队成员的行为是诊断团队发展阶段的关键所在。

> 组织领导
> 成果＝高效
> （同时关注人和结果）

《变革时期的领导力》

扩大参与度·提升认可率·增强领导力

课程收获：

当领导者知道员工在变革中的关注问题以及变革失败的典型原因之后，他们就能使用一系列策略和技巧来克服障碍。通过使用课程教授的变革模型，组织能获得以下成果：

- 积极影响生产力水平和员工士气；
- 提升"变革能力"，创建适合实施有效的持续性变革的工作环境；
- 获得员工的认可，减少为达成期望目标付出的时间；
- 增强商业领域的变革领导能力。

更多信息，欢迎访问布兰佳（中国）
网站 http://www.blanchardchina.com 或 http://sl2.51job.com

短信查询正版图书及中奖办法

A．电话查询
    1．揭开防伪标签获取密码，用手机或座机拨打4006608315；
    2．听到语音提示后，输入标识物上的20位密码；
    3．语言提示：您所购买的产品是中资海派商务管理(深圳)有限公司出品的正版图书。

B．手机短信查询方法(移动收费0.2元/次，联通收费0.3元/次)
    1．揭开防伪标签，露出标签下20位密码，输入标识物上的20位密码，确认发送；
    2．发送至958879(8)08，得到版权信息。

C．互联网查询方法
    1．揭开防伪标签，露出标签下20位密码；
    2．登录www.Nb315.com；
    3．进入"查询服务""防伪标查询"；
    4．输入20位密码，得到版权信息。

中奖者请将20位密码以及中奖人姓名、身份证号码、电话、收件人地址和邮编E-mail至my007@126.com，或传真至0755-25970309。

一等奖：168.00元人民币(现金)；
二等奖：图书一册；
三等奖：本公司图书6折优惠邮购资格。
再次谢谢您惠顾本公司产品。本活动解释权归本公司所有。

读者服务信箱

感谢的话

谢谢您购买本书！顺便提醒您如何使用ihappy书系：
◆ 全书先看一遍，对全书的内容留下概念。
◆ 再看第二遍，用寻宝的方式，选择您关心的章节仔细地阅读，将"法宝"谨记于心。
◆ 将书中的方法与您现有的工作、生活作比较，再融合您的经验，理出您最适用的方法。
◆ 新方法的导入使用要有决心，事前做好计划及准备。
◆ 经常查阅本书，并与您的生活、工作相结合，自然有机会成为一个"成功者"。

优惠订购	订阅人		部门		单位名称	
	地址					
	电话				传真	
	电子邮箱		公司网址		邮编	
	订购书目					
	付款方式	邮局汇款	中资海派商务管理(深圳)有限公司 中国深圳银湖路中国脑库A栋四楼			邮编：518029
		银行电汇或转账	户　名：中资海派商务管理(深圳)有限公司 开户行：招行深圳科苑支行 账　号：81 5781 4257 1000 1 交行太平洋卡户名：桂林　　卡号：6014 2836 3110 4770 8			
	附注	1. 请将订阅单连同汇款单影印件传真或邮寄，以凭办理。 2. 订阅单请用正楷填写清楚，以便以最快方式送达。 3. 咨询热线：0755-22274972　　传　真：0755-22274972 E-mail：szmiss@126.com				

→利用本订购单订购一律享受9折特价优惠。
→团购30本以上8.5折优惠。